やさしい建築構造設計 演習問題集

浅野清昭 著
Kiyoaki ASANO

力の流れと計算手順がわかる書き込み式ワークブック

Structural Design

学芸出版社

まえがき

　計算をともなう教科は、学習していく上で自分の手を動かして解く作業が欠かせません。私も構造力学の講義では自作の練習問題を用意し、学生たちに提供してまいりました。それが2018年執筆の『やさしい建築構造力学演習問題集』となりました。構造設計も同様で、学習内容に即した練習問題が不可欠であると考えております。しかしながら、構造設計はどこまでの内容を講義するかによって練習問題の内容も変わり、練習問題を作成する講師も悩むところとなります。

　そこで『図説やさしい構造設計』（以下テキストと称する）をご利用いただいている方々のために、本書『やさしい建築構造設計演習問題集』を作成いたしました。テキストに合わせて、基礎的な構造設計の内容の理解にご利用いただければ幸いです。

[本問題集の特長]

● テキストに即した内容

　テキスト内の解説文章、図等を（　）抜きで問題にしており、学習内容に合わせて（　）内を埋めながら学習できるようにしております。また、例題（計算問題）も（　）抜きにするなど学習内容に合わせて手元で計算をしながら講義を受けられるようにしております。

● 例題の計算手順を確認できる演習問題

　テキスト内例題（計算問題）の類似問題を準備しております。例題の設計手順をもう一度手元で確認することで理解を深めていただけます。

● 学習内容に関連する構造力学問題

　必要に応じて、構造力学問題を入れております。部材設計は構造力学がもとになっています。講義の準備段階として関連する構造力学問題を確認していただき、設計内容の理解がスムーズになるようにしております。

● 学習内容に即した文章問題

　建築士試験では、構造設計の内容が文章題で出題されます。講義を受け、実際に計算した内容が建築士試験ではどのような文章で出題されるのかをご確認ください。

[問題を解くにあたっての注意点]

● 計算問題の目的は、計算内容・手順を理解することにあります。計算をする中で、有効桁の取り方によってはみなさんの計算結果と解答にずれが生じる場合もありますが、わずかなずれは気にせず、内容を理解できたかどうかに力点をおいてください。

● 計算問題では、有効3〜4桁を基本とし、四捨五入しております。荷重（大きく見積もる方が安全）や許容応力度（小さく見積もる方が安全）では、それぞれ切り上げ、切り捨て計算している場合もあります。解答でご確認ください。

● 本書は、別売の『改訂版 図説やさしい構造設計』内の記載内容や図表を適宜参照して解答することを前提に作成されています。学習効果を高めるため、ぜひお求めのうえ、併せてご使用ください。

　本書を通して構造設計の理解を深めていただければ幸いです。

令和5年10月吉日

浅野　清昭

目　次

別冊 演習問題 解答・解説

［凡例］

 TEXT

『改訂版 図説 やさしい構造設計』（テキスト：別売）の関連ページを示しています。

適宜参照しながら学習を進めましょう。

例題 X

基本的な解法手順を解説するセクションです。解答は本体の巻末に掲載しています。

問題 X

テキストの解説や例題で習得した知識を確認できる演習問題です。

解答は綴じ込みの解答・解説冊子に掲載しています。

問題1 次の（ ）内に適切な語句を記入しなさい。

【建築物の設計】（→ TEXT p.32）　　　　　　　　　　　　　　【構造設計の流れ】

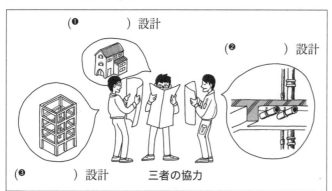

（❶　　　　）設計

（❷　　　　　　）設計

（❸　　　　）設計　　　三者の協力

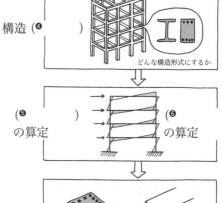

構造（❹　　　）

どんな構造形式にするか

（❺　　　　　）　　　　　　　（❻　　　　　　）
の算定　　　　　　　　　　　の算定

（❼　　　　　　）の算定

【建築物のタイプ】（→ TEXT p.33）

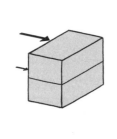

低層建築物

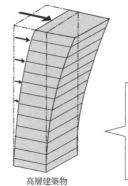

高層建築物

低層建築物：十分な（❽　　　　　）をもたせる。

（❾　　　　　）型の設計

高層建築物：変形能力が（❿　　　　）い。

（⓫　　　　）型の設計

【構造設計の方針】

□中小規模の外力に対する方針（→ TEXT p.36 〜 38）

力に対する検討：構造部材が（⓬　　　　　　）して
はいけない。

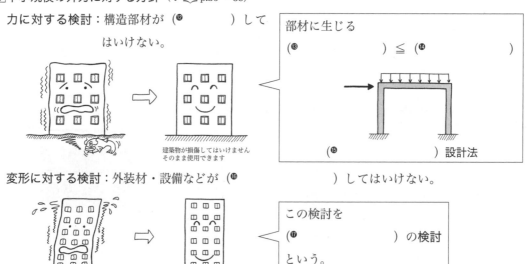

建築物が損傷してはいけません
そのまま使用できます

部材に生じる

（⓭　　　　　　　）≦（⓮　　　　　　　　）

（⓯　　　　　　　）設計法

変形に対する検討：外装材・設備などが（⓰　　　　　　　　）してはいけない。

中小地震

内外装材、設備など
損傷なし

この検討を
（⓱　　　　　　　　　）の検討
という。

2 **大規模外力（大地震）に対する方針**（→ TEXT p.39）

・（⑱　　　　　）、（⑲　　　　　）などが損傷することを（⑳　　　　　）します。

・建物は（㉑　　　　　）になるかもしれません。

・（㉒　　　　　）を守る。

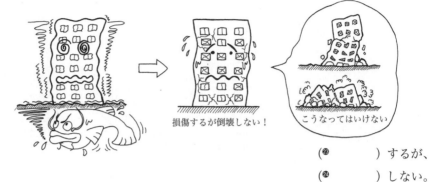

損傷するが倒壊しない！

こうなってはいけない

（㉓　　　　　）するが、

（㉔　　　　　）しない。

【建物の規模による設計ルート】（→ TEXT p.40）

ルート1 （㉕　　　　　）型

（1次設計のみ）

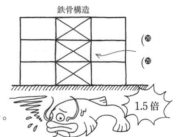

鉄筋コンクリート構造　　　　鉄骨構造

（㉘　　　　　）端部・接合部の

（㉙　　　　　）防止

（㉖　　　　　）・（㉗　　　　　）を十分とる。

1.5倍

ルート2 （㉚　　　　　）型

（1次設計 ⇒ 2次設計）

バランスの良い建物にする。

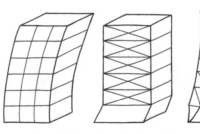
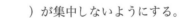

（㉛　　　　　）の検討：特定の階に（㉜　　　　　）が集中しないようにする。

（㉝　　　　　）の検討：過度の（㉞　　　　　）振動が起こらないようにする。

ルート3 （㉟　　　　　）型

（1次設計 ⇒ 2次設計）

（㊱　　　　　）の検討

　大地震に対して

（㊲　　　　　）で粘り強く

耐えられるようにする。

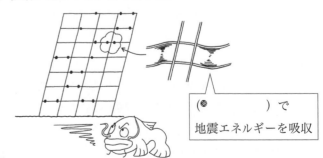

（㊳　　　　　）で
地震エネルギーを吸収

問題2 構造計算の流れ図の（ ）内に適切な設計の名称を書き込みなさい。（→ TEXT p.34）

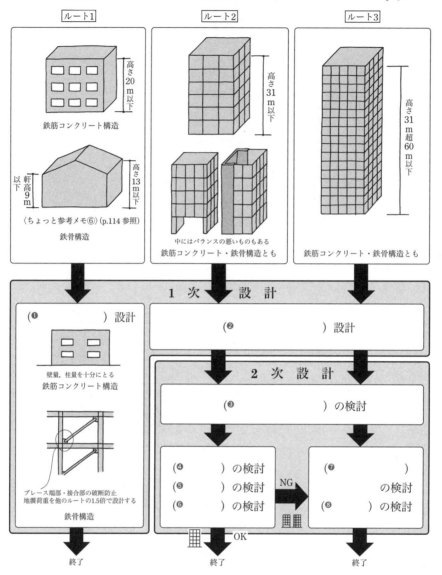

問題3 次の建築物が最終的にたどり着くルートを答えよ。また、その過程で行う検討内容を ○ で囲みなさい。

(1) 高さ 18m の鉄筋コンクリート構造（十分な耐力壁を配置している）　⇒　ルート（　　　）

　　検討内容（許容応力度設計・層間変形角・剛性率・偏心率・塔状比・保有水平耐力）

(2) 高さ 24m の鉄筋コンクリート構造（バランスの良い構造物）　⇒　ルート（　　　）

　　検討内容（許容応力度設計・層間変形角・剛性率・偏心率・塔状比・保有水平耐力）

(3) 高さ 28m の鉄骨構造（バランスの悪い構造物）　⇒　ルート（　　　）

　　検討内容（許容応力度設計・層間変形角・剛性率・偏心率・塔状比・保有水平耐力）

(4) 高さ 40m の鉄骨構造　⇒　ルート（　　　）

　　検討内容（許容応力度設計・層間変形角・剛性率・偏心率・塔状比・保有水平耐力）

問題 4 下図のような荷重を受ける単純梁に断面 200mm × 300mm の部材（木材）を用いた場合、**許容応力度設計**の観点から安全性を検討しなさい。（→ [TEXT] p.37 **例題 1・1**）

ただし、部材の許容せん断応力度 $f_s = 3\text{N/mm}^2$、許容曲げ応力度 $f_b = 20\text{N/mm}^2$ とする。

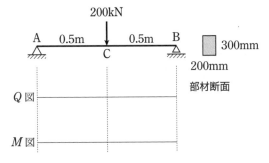

(1) せん断力図、曲げモーメント図を描きなさい。

(2) 最大せん断力、最大曲げモーメントを求めなさい。

最大せん断力 Q_{max} =		kN
最大曲げモーメント M_{max} =		kN·m

(3) 断面積 A、断面係数 Z を求めなさい。

断面積 A =		mm²
断面係数 Z =		mm³

(4) 応力度を求め安全性を検討しなさい。

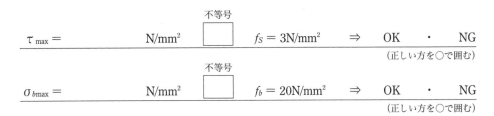

τ_{max} = 　　　　N/mm²　[不等号]　$f_s = 3\text{N/mm}^2$　⇒　OK　・　NG
（正しい方を○で囲む）

σ_{bmax} = 　　　　N/mm²　[不等号]　$f_b = 20\text{N/mm}^2$　⇒　OK　・　NG
（正しい方を○で囲む）

問題 5 次の文章の（　　）内の適切な語句を ○で囲みなさい。

1 次設計（許容応力度設計）

(1) 建物の部材に生じる力が使用される材料の許容応力度（❶ 以上・以下）になるように設計する。

(2) 許容応力度には日常的な荷重に対する（❷ 長期・短期）許容応力度と、地震時や台風時などに対する（❸ 長期・短期）許容応力度がある。

(3) 許容応力度設計では、構造骨組が（❹ 倒壊・損傷）しないことを目標としている。

2 次設計（層間変形角・剛性率・偏心率・保有水平耐力）

(4) 層間変形角を検討する目的は、（❺ 中・大）地震に対して建築物の（❻ 骨組・仕上げ材など）が損傷しないようにすることである。

(5) 剛性率は建築物の高さ方向の（❼ 剛性分布のバランス・強さ）を検討するものであり、剛性率が 0.6（❽ 以上・以下）であることを確認する。

(6) 偏心率は建築物の地上部分について、平面的な（❾ 剛性分布のバランス・強さ）を検討するものであり、偏心率が 0.15（❿ 以上・以下）であることを確認する。

(7) 偏心率を小さくするために、剛性の高い耐力壁を建築物（⓫ 中央部・外周部）にバランスよく配置するとよい。

(8) 保有水平耐力の検討は、（⓬ 大・中）地震に対して、建築物が（⓭ 損傷・倒壊）しないことを確かめるものである。

固定荷重 (→ TEXT p.42)

問題1 次の（　）内に適切な語句、［　］内に適切な数値を記入しなさい。

【荷重の種類】

（❶　　　）荷重

（❷　　　）荷重

（❹　　　　）荷重

鉛直荷重

水平力

（❸　　　　）荷重

（❺　　　　）荷重

固定荷重は（❻　　　　　　）の重さである。

【単位重量】

鉄筋コンクリート	［❼　　　］	kN/m³
コンクリート	［❽　　　］	kN/m³
鋼　材	［❾　　　］	kN/m³
モルタル・石膏ボード	［❿　　　］	N/m²

（厚さ 1cm あたり）

例題1 次の材料の 1m² あたりの重量を求めなさい。（→ TEXT p.43 例題 2·1）

1m　1m　24kN/m³　1m　0.15m

厚さ1cmあたり 200N　1m　1m　1cm 1cm

○厚さ 15cm（0.15m）の鉄筋コンクリートの床

（❶計算式　　　　　　　　　　　　　　　　　　　　）

○厚さ 2cm のモルタル

（❷計算式　　　　　　　　　　　　　　　　　　　　）

積載荷重 (→ TEXT p.44)

問題2

積載荷重は、建築物の中の（❶　　　　　　）、（❷　　　　　　　）など移動可能なものの重さである。

積載荷重は（❸　　　　）の種類、（❹　　　　　　）の対象によって数値が異なる。

TEXT p.44 の表 2·2 を見ながら、積載荷重の数値を記入してみよう。

	床の構造計算をする場合	大梁、柱等の構造計算をする場合	地震荷重を算定する場合
事務室	N/m²	N/m²	N/m²
教　室	N/m²	N/m²	N/m²

積載荷重には、床設計用、大梁・柱など設計用、地震荷重算定用があり、それらの大小関係は

（❺　　　　　）＞（❻　　　　　　　）＞（❼　　　　　　　　）である。

積載荷重は室の種類によって異なり、住宅、教室、百貨店の売場、教室に連絡する廊下の積載荷重（床設計用）の大小関係は、

（❽　　　　　）＞（❾　　　　　　）＞（❿　　　　　）＞（⓫　　　　　）である。

TEXT p.44 の表 2·2 を見ながら、「床の構造設計をする場合」の積載荷重を記入してみよう。

住宅の居室または病室	［　　　］N/m²	教　室	［　　　］N/m²
劇場、映画館等（固定席）	［　　　］N/m²	百貨店の売り場	［　　　］N/m²
劇場、映画館等（その他）	［　　　］N/m²	教室に連絡する廊下	［　　　］N/m²
百貨店の屋上広場	［　　　］N/m²	倉庫業を営む倉庫	［　　　］N/m²

例題2 図について、床設計用、小梁設計用、大梁・柱設計用、地震荷重算定用の床の単位荷重（kN/m²）を求めなさい。ただし、大梁、小梁の自重を含めて計算すること。（→ TEXT p.45 ～ 46 **例題 2·2**）

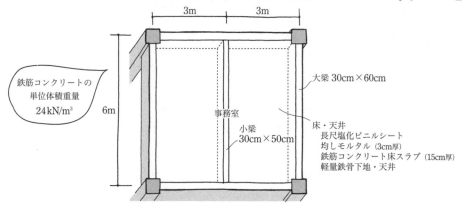

鉄筋コンクリートの単位体積重量 24kN/m³

3m　3m

6m

事務室

小梁 30cm×50cm

大梁 30cm×60cm

床・天井
長尺塩化ビニルシート
均しモルタル（3cm厚）
鉄筋コンクリート床スラブ（15cm厚）
軽量鉄骨下地・天井

2 荷重

手順1 床の仕上げから固定荷重を計算します。

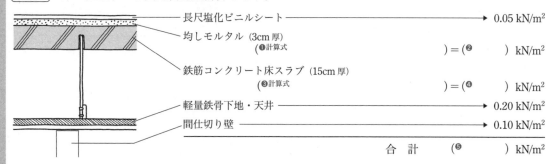

長尺塩化ビニルシート　　　　　　　　　　→ 0.05 kN/m²

均しモルタル（3cm厚）
（❶計算式　　　　　　　　　　）＝（❷　　　　）kN/m²

鉄筋コンクリート床スラブ（15cm厚）
（❸計算式　　　　　　　　　　）＝（❹　　　　）kN/m²

軽量鉄骨下地・天井　　　　　　　　　　　→ 0.20 kN/m²

間仕切り壁　　　　　　　　　　　　　　　→ 0.10 kN/m²

合　計　　（❺　　　　）kN/m²

手順2 大梁・小梁に伝わる床荷重の範囲を図に記し、面積を求めます。

大梁の分担面積 $A_大$ ＝（❻計算式　　　　　　　　　　）

小梁の分担面積 $A_小$ ＝（❼計算式　　　　　　　　　　）

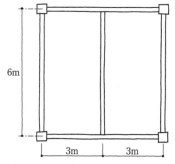

6m

3m　3m

手順3 大梁・小梁の自重を求めます。

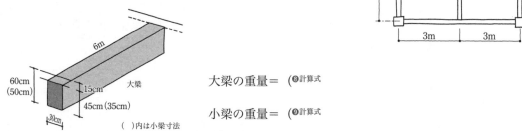

6m

60cm（50cm）

15cm

45cm（35cm）

30cm

大梁

（　）内は小梁寸法

大梁の重量＝（❽計算式　　　　　　　　　　　　　　　　　　）

小梁の重量＝（❾計算式　　　　　　　　　　　　　　　　　　）

手順4 大梁、小梁の自重（kN）を分担面積 A（m²）で除して、単位面積重量（kN/m²）にします。

大梁の単位面積重量＝（❿計算式　　　　　　　　　　　　　　）

小梁の単位面積重量＝（⓫計算式　　　　　　　　　　　　　　）

床、梁の単位面積重量に積載荷重をたし合わせて床の単位重量（kN/m²）を求めます。

	床の自重	梁の自重	積載荷重	合　計（答え）
床設計用	kN/m²	—	kN/m²	kN/m²
小梁設計用	kN/m²	kN/m²	kN/m²	kN/m²
大梁設計用	kN/m²	kN/m²	kN/m²	kN/m²
地震荷重算定用	kN/m²	kN/m²	kN/m²	kN/m²

問題3 床の単位荷重（固定荷重＋積載荷重）算定に関する問題

(1)「教室」の床断面を下図に示します。このとき、床の単位荷重 W_1（kN/m²）を求めなさい。

フロアリングブロック　　　　　　　　　　　　　　　　0.18 kN/m²
均しモルタル（厚 3cm）　（計算式　　　　　　）＝（　　　）kN/m²
鉄筋コンクリート床（厚 15cm）（計算式　　　　　）＝（　　　）kN/m²
断　熱　材（厚 2.5cm）　　　　　　　　　　　　　0.01 kN/m²
天　　　井　　　　　　　　　　　　　　　　　　　0.20 kN/m²

合　計　床の単位荷重 W_1　　　　　　　（　　　）kN/m²

(2) 右の平面図に大梁 G_1 に床荷重の範囲を図示し、分担面積 A（m²）を求めなさい。

(計算式)

$$A = \qquad m^2$$

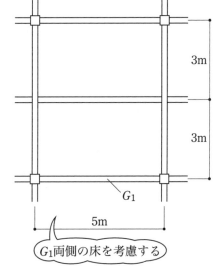

3m

3m

G_1

5m

G_1両側の床を考慮する

(3) 下図の大梁 G_1 の自重 W（kN）と単位面積重量 W_2（kN/m²）を求めなさい。床スラブ分は除いて求める。

(計算式)

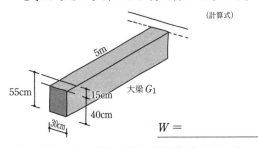

5m

55cm　　15cm　　大梁 G_1

40cm

30cm

$$W = \qquad kN \qquad W_2 = \qquad kN/m^2$$

(4) 床、梁の単位面積重量に積載荷重をたし合わせて床の単位重量（kN/m²）を求めなさい。

	床の自重 W_1	大梁の自重 W_2	積載荷重（教室）	合　計
床設計用	kN/m²	—	kN/m²	kN/m²
大梁設計用	kN/m²	kN/m²	kN/m²	kN/m²
地震荷重算定用	kN/m²	kN/m²	kN/m²	kN/m²

積雪荷重 (➜ 📖 p.48 ～ 49)

例題3 図の場合の積雪荷重を求めなさい。ただし条件は次の通りとします。(➜ 📖 p.49 例題 2・4)

条件：多雪区域
積雪の単位荷重
$W = 30\text{N/m}^2$ （積雪 1cm あたり） とする
垂直積雪量
$d = 200\text{cm}$

(計算式) ❶

$$W_s = ❷ \qquad\qquad \text{kN/m}^2$$

問題4 下図の建物にかかる積雪荷重 W_s（kN/m²）を求めなさい。ただし、建物は一般の地域に建ち、積雪の単位重量 $W = 20\text{N/m}^2$（積雪 1cm あたり）、垂直積雪量 $d = 30\text{cm}$、屋根の傾斜角 15°である。

(計算式)

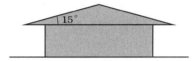

$$W_s = \qquad\qquad \text{kN/m}^2$$

問題5 次の文章で、正しいものには○、誤っているものには×を付けなさい。

固定荷重

(1) （　　）固定荷重は、骨組部材・仕上げ材料等のような構造物自体の重量及び構造物上に常時固定されている物体の重量による荷重である。

積載荷重

(2) （　　）積載荷重は、室の種類と構造計算の対象に応じて、異なった値を用いる。

(3) （　　）同一の室に用いる積載荷重の大小関係は、「地震力の計算用」＞「大梁及び柱の計算用」＞「床の計算用」である。

(4) （　　）床の単位面積当たりの積載荷重は、「百貨店又は店舗の売り場」より「教室」のほうが大きい。

(5) （　　）建築物の各部分の積載荷重において、倉庫業を営む倉庫の床については、実況に応じて計算した値が 3900N/m² 未満の場合であっても 3900N/m² として計算する。

積雪荷重

(6) （　　）積雪の単位荷重は、多雪区域と指定された区域外においては、積雪量 1cm ごとに 20N/m² 以上とする。

(7) （　　）屋根の積雪荷重は、雪止めのない屋根の場合、屋根勾配が緩やかになるほど小さくなる。

(8) （　　）屋根の積雪荷重は、屋根の雪止めがある場合を除き、その勾配が 60°を超える場合においては、零とすることができる。

(9) （　　）屋根面における積雪量が不均等となるおそれのある場合においては、その影響を考慮して積雪荷重を計算しなければならない。

問題1　風荷重算定に関する次の文中の（　）内に適切な語句、式、［　］内に適切な数値を入れなさい。

（➡ 📖 p.50 ～ 54）

(1) 風圧力 P（N/m²）$= q \times C_f$　　風荷重（N）$= P \times A$

　　ここで q は（❶　　　　　　　　）、C_f は（❷　　　　　　　　　　）、A は（❸　　　　　　　　）である。

(2)（❹　　　　　　　　）q は空気の運動エネルギー（➡ 📖 p.14）に相当します。

　　運動エネルギーは質量を m（kg）、速度 V（m/秒）とすると（❺文字式　　　　　　　　）で求めることができます。

(3) 1m³ あたりの空気の質量を ρ（kg/m³）、風速を V（m/秒）とすると、空気 1m³ の運動エネルギーは

　　（❻文字式　　　　　　　　）で求めることができます。

　　$\rho = 1.2258$（kg/m³）を上式に代入すると

　　q の基本式 $\fallingdotseq$（❼文字式　　　　　　　　）が得られるのです。

　　この式は、風速 V が 2 倍になると速度圧 q が［❽　　　］倍になることを意味しています。

　　単位を確認しておこう。

　　1m³ あたりの空気の質量を ρ の単位　⇒　kg/m³ = N・秒²/m⁴

　　風速 V の単位　⇒　m/秒

　　$\frac{1}{2}\rho V^2$ の単位　⇒　N・秒²/m⁴ × (m/秒)² =（❾　　　　　　　　）

(4) 対象建築物が受ける風の風速は、周辺の状況、対象建築物の高さ、突風成分を考慮して算定されます。

　　それらを考慮した速度圧 q（N/m²）の式が次式です。

　　$q =$（❿文字式　　　　　　　　）=（⓫文字式　　　　　　　　）施工令第 87 条の式

　　　　ここで　G_f：（⓬　　　　　）影響係数（無次元）

　　　　　　　　E_r：（⓭　　　　　）風速の（⓮　　　　　　　）方向の分布係数（無次元）

　　　　　　　　V_0：（⓯　　　　　）風速（m/秒）

(5) V_0 はその地方において稀に発生する暴風時の地上［⓰　　　　］m における 10 分間の（⓱　　　　　　　）風速に相当し、［⓲　　　　］m/秒 ～［⓳　　　　］m/秒で定められています。

📖 p.51 の表 2·5 を参照して、各地の基準風速を記入してみよう。

札 幌 市［　　　］m/秒	函 館 市［　　　］m/秒	秋田市［　　　］m/秒
千 葉 市［　　　］m/秒	水 戸 市［　　　］m/秒	銚子市［　　　］m/秒
東京 23 区［　　　］m/秒	東京都八丈町［　　　］m/秒	
大 阪 市［　　　］m/秒	京 都 府［　　　］m/秒	岡山市［　　　］m/秒
高 知 市［　　　］m/秒	室 戸 市［　　　］m/秒	熊本市［　　　］m/秒
鹿児島市［　　　］m/秒	鹿児島県屋久町［　　　］m/秒	沖縄県［　　　］m/秒

(6) G_f、E_r は地表面の状況の影響を受けます。地表面の状況は（㉑　　　　　　　　）区分（Ⅰ～Ⅳ）で分類されており、「極めて平坦で障害物がない区域」は（㉑　　　　　　　）、「都市化が極めて著しい区域」は（㉒　　　　　）となります。

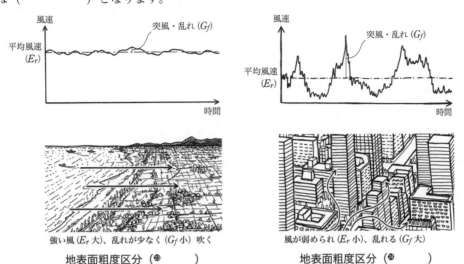

強い風（E_r 大）、乱れが少なく（G_f 小）吹く　　　　風が弱められ（E_r 小）、乱れる（G_f 大）

地表面粗度区分（㉓　　　　）　　　　　　　　地表面粗度区分（㉔　　　　）

「極めて平坦で障害物がない区域」は、平均風速を表す E_r が（㉕　　　　）く、風の乱れを表す G_f が（㉖　　　　）くなります。逆に「都市化が極めて著しい区域」は、E_r が（㉗　　　　）く、風の乱れを表す G_f が（㉘　　　　）くなります。

(7) 風力係数 C_f は建物各部の風圧力の度合いを表す係数です。

$C_f =$（㉙　　　　　　）係数 －（㉚　　　　　　）係数

で計算します。

問題2　図のような方向に風を受ける建築物の A 点およびに B 点における風圧力の大きさを求めなさい。ただし、速度圧は 1200N/m² とし、建築物の外圧係数及び内圧係数は、図に示す値とする。

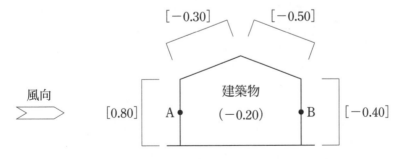

［　］内の値は外圧係数、（　）内の値は内圧係数を示す。

(計算式)

A 点における風圧力＝_____ N/m²

B 点における風圧力＝_____ N/m²

例題 1 図のような3層建築物（高さ9m）の風向に対する風荷重を求めなさい。ただし、建築物は京都市内の地表面粗度区分Ⅲの地域に建っているものとします。内圧係数は0とします。（→ [TEXT] p.55 例題 2･5）

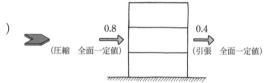

風向

3m
3m
3m

10m

手順1 [TEXT] p.51 の表 2･5 より基準風速 V_0 を求めます。

京都市 ⇒ （❶　　　　　）m/秒

手順2 [TEXT] p.53 の表 2･6 より Z_b、Z_G、α の値を求めます。

地表面粗度区分Ⅲ ⇒ Z_G = （❷　　　　　）m　　Z_b = （❸　　　　　）m　　α = （❹　　　　　）

[TEXT] p.53 の式 2･6 より平均風速の高さ方向の分布係数 E_r を求めます。

H（建物の高さ）= （❺　　　　　）m　┃不等号┃❻┃　Z_b = （❼　　　　　）m　なので

$$E_r = \left(\overset{\text{❽計算式}}{}\right) = （❾　　　　　）$$

手順3 [TEXT] p.53 の図 2･21 よりガスト影響係数 G_f を求めます。

地表面粗度区分Ⅲ、高さ 10m 以下 ⇒ G_f = （❿　　　　　）

手順4 以上より速度圧 q を求めます。

速度圧 q = （⓫計算式　　　　　　　　　　　　）

　　　　 = （⓬　　　　　）N/m²

0.8　　　　　　　　0.4

（圧縮 全面一定値）　（引張 全面一定値）

手順5 風力係数 C_f を求める。

風上側 C_f = 0.8（圧縮）　風上側 C_f = 0.4（引張）とし

C_f = （⓭計算式　　　　　　　）= （⓮　　　　　）

手順6 見付面積 A を求める。各層の中央の高さごとに分けて求める。

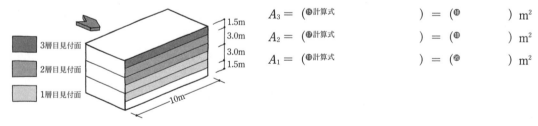

3層目見付面　　2層目見付面　　1層目見付面

1.5m
3.0m
3.0m
1.5m

10m

A_3 = （⓯計算式　　　　　　　）= （⓰　　　）m²

A_2 = （⓱計算式　　　　　　　）= （⓲　　　）m²

A_1 = （⓳計算式　　　　　　　）= （⓴　　　）m²

手順7 以上をまとめて風荷重を算定し、各層の柱が受ける水平力（層せん断力）を求める。

層	速度圧 q	風力係数 C_f	見付面積 A	風荷重	層せん断力 Q
3	N/m²		m²	kN	kN
2	N/m²		m²	kN	kN
1	N/m²		m²	kN	kN

（風荷重は小数点以下切り上げで計算）

問題3 図のような建物について風荷重(kN) および各階の柱に作用する層せん断力(kN) を求めなさい。
ただし、建設地は京都市、構造は鉄筋コンクリート構造、地表面粗度区分Ⅱとする。

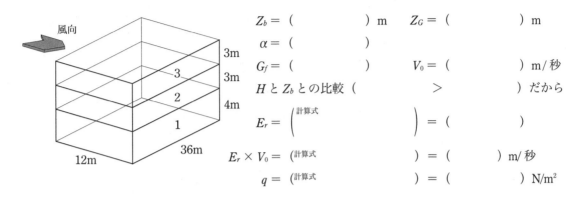

$Z_b = ($ $)$ m $Z_G = ($ $)$ m

$\alpha = ($ $)$

$G_f = ($ $)$ $V_0 = ($ $)$ m/秒

H と Z_b との比較 ($>$) だから

$E_r = \left(^{計算式} \right.$ $\left. \right) = ($ $)$

$E_r \times V_0 = \left(^{計算式} \right.$ $\left. \right) = ($ $)$ m/秒

$q = \left(^{計算式} \right.$ $\left. \right) = ($ $)$ N/m²

層	速度圧 q	風力係数 C_f	見付面積 A	風荷重	層せん断力 Q
3	N/m²		m²	kN	kN
2	N/m²		m²	kN	kN
1	N/m²		m²	kN	kN

問題4 次の文章で、正しいものには○、誤っているものには×を付けなさい。

(1) ( ) 風圧力は、風速に風力係数を乗じて計算する。

(2) ( ) 風圧力の計算に用いる基準風速 V_0 は、その地方の台風の記録に基づく風害の程度その他の風の性状に応じて、30m/s から 46m/s までの範囲において定められている。

(3) ( ) 風圧力を計算する場合の速度圧は、その地方において定められた風速の平方根に比例する。

(4) ( ) 風圧力の計算に用いる速度圧は、一つの建物の中で地盤面からの高さが高い部位ほど大きい。

(5) ( ) 建築物の風力係数は、建築物の外圧係数から内圧係数を減じた数値とする。

(6) ( ) 平均風速の高さ方向の分布を表す係数 E_r は、地表面粗度区分に応じて定められた数値により算出する。

(7) ( ) 平均風速の高さ方向の分布を表す係数 E_r は「都市化が極めて著しい区域」より「極めて平坦で障害物のない区域」の方が大きい。

(8) ( ) ガスト影響係数 G_f は「都市化が極めて著しい区域」より「極めて平坦で障害物のない区域」の方が大きい。

局部風圧力（→ 📖 p.57 ちょっと参考メモ②）

(9) ( ) 屋根葺き材などの局部的な風圧力は、骨組設計用の風圧力よりも大きい。

(10) ( ) 13m 以上の高さの窓ガラスなどは、局部的な風圧力を考慮しなければならない。

例題1 地震の最大加速度を $a_{max}=300$gal（ガル：cm/秒^{2}と同等）、重力加速度 $g=980$cm/秒^{2}とすると、右図の1階柱、2階柱が受ける地震による慣性力 F_1、F_2はいくらになりますか。ただし、建築物は剛体と仮定し、地震動と同じ動きをするものとし、振動の増幅はないものとします。

（➡ TEXT p.59 例題2·6）

(計算式) ❶

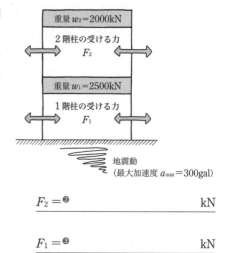

重量 $w_2=2000$kN

2階柱の受ける力 F_2

重量 $w_1=2500$kN

1階柱の受ける力 F_1

地震動
（最大加速度 $a_{max}=300$gal）

$F_2 =$ ❷　　　　　　　　　　 kN

$F_1 =$ ❸　　　　　　　　　　 kN

問題1 次の文章の中の（　）内に適切な語句を、［　］内には適切な数値を記入しなさい。

（➡ TEXT p.60〜63）

地震層せん断力の算定式　$Q_i = C_i \times W_i$

Q_i：i 層の（❶　　　　　　　　　　）　　C_i：i 層の（❷　　　　　　　　　　　　）

W_i：i 層以上の部分の（❸　　　　　　　　）の総和

$C_i = Z \times R_t \times A_i \times C_0$

Z：地震（❹　　　　　　　）係数　　　R_t：（❺　　　　　　　　　　）係数

A_i：地震層せん断力係数の（❻　　　　　　）係数　　　C_0：（❼　　　　　　　　　　）係数

Z は過去の地震記録から定められた係数で、［❽　　　　］〜［❾　　　　］で定められている。近畿地方や関東地方では［❿　　　　］である。

R_t は TEXT p.62 図2·37 のグラフで定められている。設計用1次固有周期が長いほど R_t の値は（⓫　　　）くになり、硬質地盤（第1種地盤）より軟弱地盤（第3種地盤）の方が（⓬　　　　）な値になる。

$T = 1.6$ 秒、第3種地盤なら
$R_t = $［⓭　　　　　］と読みとれる。

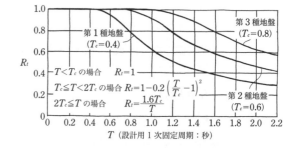

第1種地盤 $(T_c=0.4)$
第3種地盤 $(T_c=0.8)$
第2種地盤 $(T_c=0.6)$

$T < T_c$ の場合　　$R_t = 1$
$T_c \leq T < 2T_c$ の場合 $R_t = 1 - 0.2 \left(\dfrac{T}{T_c} - 1 \right)^2$
$2T_c \leq T$ の場合　　$R_t = \dfrac{1.6 T_c}{T}$

T（設計用1次固定周期：秒）

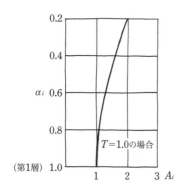

（第1層）

$T=1.0$の場合

A_i は建物が地震を受けるとき、上層にいくほど揺れが増幅されることを数値的に表す係数である。

1層の値を基準の値 ［⓮　　　　　］とし、上層にいくほど（⓯　　　　　　）な値になる。

C_0 は地震荷重の大きさを調節する係数である。

中地震に対する値は ［⓰　　　　　］以上

大地震に対する値は ［⓱　　　　　］以上

設計用 1 次固有周期 T（秒）$= h \times (0.02 + 0.01\,\alpha)$　（h：建物の高さ（m））

$\alpha =$ 鉄骨部分の高さ／建物の高さ　であり、鉄筋コンクリート構造なら $\alpha = 0$、鉄骨構造なら $\alpha = 1$ なので

鉄筋コンクリート構造　$T = ［⓲　　　　　］\times h$　（➡ 📖 p.24）

鉄骨構造　$T = ［⓳　　　　　］\times h$

例題 2 **2･6 例題 1** (p.18) で風荷重を算定した建築物について地震層せん断力 Q_i を求めなさい。

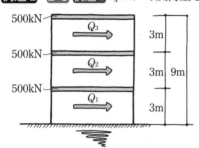

構　造：鉄筋コンクリート構造

建設地：京都市

地　盤：第 2 種地盤

標準せん断力係数 $C_0 = 0.2$ として検討します。

（➡ 📖 p.64 ～ 65 **例題 2･7**）

手順 1　地震地域係数 Z を求める。📖 p.60 の図 2･34 より

京都市　⇒　$Z = （❶　　　　　）$

手順 2　設計用 1 次固有周期 T を求める。

鉄筋コンクリート構造であることより　⇒　$T = （❷　　　　　）h$

$T = （❸計算式　　　　　　　　　） = （❹　　　　　）秒$

第 2 種地盤　$T = （❺　　　）秒$　⇒　📖 p.62 の図 2･37 より　$R_t = （❻　　　　　）$

手順 3　以上をもとに地震層せん断力 Q_i を求める。

層	W_i	α_i	A_i	$C_i\ (Z \times R_t \times A_i \times C_0)$	$Q_i\ (C_i \times W_i)$
3	kN				kN
2	kN				kN
1	kN				kN

各階床に作用する風荷重、地震荷重による層せん断力を下表にまとめなさい。また、構造設計で採用するのは風荷重、地震荷重どちらの層せん断力かを答えなさい。

	層せん断力		
	風荷重	不等号	地震荷重
3	16.9　kN		kN
2	50.6　kN		kN
1	84.3　kN		kN

⇨ （❼　　　　　）荷重による層せん断力を採用する。

問題2 図のような建物について各階柱に作用する地震層せん断力 Q_i を求めなさい。

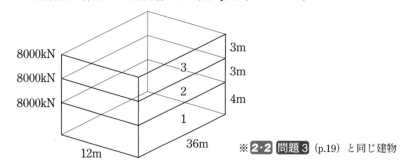

8000kN — 3m
8000kN — 3m
8000kN — 4m
3 / 2 / 1
12m / 36m

※ **2·2** **問題3** (p.19) と同じ建物

建設地：京都市

 ⇒ 地震地域係数 $Z = ($ $)$

構 造：鉄筋コンクリート構造

設計用1次固有周期 $T = ($^{計算式} $) = ($ $)$ 秒

地 盤：第2種 $R_t = ($ $)$

標準せん断力係数 $C_0 = 0.2$ ←（中地震相当）

層	W_i	α_i	A_i	C_i $(Z \times R_t \times A_i \times C_0)$	Q_i $(C_i \times W_i)$
3	kN				kN
2	kN				kN
1	kN				kN

A_i の算定式 （➡ TEXT p.63 の式 2·13）

$$A_i = 1 + \left(\frac{1}{\sqrt{\alpha_i}} - \alpha_i \right) \frac{2T}{1+3T}$$

$$\alpha_i = \frac{i \text{層以上の部分の重量の総和 } W_i}{\text{地上部分全重量}}$$

T：設計用1次固有周期（秒）

問題3 各階床に作用する風荷重、地震荷重による層せん断力を下表にまとめなさい。また、構造設計で採用するのは風荷重、地震荷重どちらの層せん断力かを答えなさい。

	層せん断力		
	風荷重	不等号	地震荷重
3	88 kN		kN
2	264 kN		kN
1	469 kN		kN

⇒ （ ）荷重による
層せん断力を採用する。

問題4 【荷重の組合せ】（→ 📖 p.66 の表 2・12）

状況に応じた荷重の組合せについて、（　）内に適切な記号、語句を記入しなさい。

荷重状態	想定時	一般の地域	多雪区域	算出する部材に生じる力	対象許容応力度
長期荷重	常時	(❶　　) + (❷　　)	$G + P$	(❿　　) に生じる力	(⓬　　) 許容応力度
	積雪時	—	$G + P +$ (❻　　)		
短期荷重	積雪時	$G + P +$ (❸　　)	$G + P +$ (❼　　)	(⓫　　) に生じる力	(⓭　　) 許容応力度
	暴風時	$G + P +$ (❹　　)	$G + P + W$		
			$G + P + W +$ (❽　　)		
	地震時	$G + P +$ (❺　　)	$G + P + K +$ (❾　　)		

記号について
　G：固定荷重により生じる力　　P：積載荷重により生じる力　　S：積雪荷重により生じる力
　W：風荷重により生じる力　　K：地震荷重により生じる力

問題5 次の文章で、正しいものには〇、誤っているものには×を付けなさい。

地震荷重

(1) （　） 振動特性係数 R_t は、建築物の設計用一次固有周期 T が長くなるほど大きくなる。

(2) （　） 建築物の設計用一次固有周期 T が長い場合、第一種地盤より第三種地盤のほうが建築物の地上部分に作用する地震力は大きくなる。

(3) （　） 地震層せん断力係数の建築物の高さ方向の分布を表す係数 A_i は、建築物の上階になるほど大きくなり、建築物の設計用一次固有周期 T が長いほど大きくなる。

(4) （　） 設計用1次固有周期 T は鉄骨構造の場合、建物の高さに 0.02 を乗じて計算することができる。

(5) （　） 地震地域係数 Z は、過去の地震の記録等に基づき 1.0 から 1.5 までの範囲で建設地ごとに定められる。

(6) （　） 鉄筋コンクリート造の建物を ルート3 で設計する場合の地上部分の地震力は、標準せん断力係数 C_0 が「0.2 以上の場合」と「1.0 以上の場合」の2段階の検討をする。

(7) （　） 建築物の地上部分における各層の地震層せん断力係数 C_i は、最下層における値が最も小さくなる。

(8) （　） 建築物の固有周期 T が長い場合や地震地域係数 Z が小さい場合には、地震層せん断力係数 C_i は標準せん断力係数 C_0 より小さくなる場合がある。

(9) （　） 建築物の地上部分における各層の地震層せん断力 Q_i は、最下層における値が最も小さくなる。

荷重の組合せ

(10) （　） 一般の地域では、地震時に積雪荷重を加える必要はない。

(11) （　） 多雪区域においては、暴風時に積雪がある場合と積雪がない場合とを考慮する。

(12) （　） 許容応力度計算に用いる荷重の組合せにおいては、地震力と風圧力が同時に作用することを想定していない。

問題1 下図のような荷重を受ける単純梁に断面300mm × 400mm の部材を用いた場合、**許容応力度設計**の観点から安全性を検討しなさい。

　　　　ただし、部材の許容せん断応力度 $f_S = 3N/mm^2$、許容曲げ応力度 $f_b = 20N/mm^2$ とする。

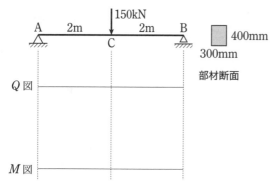

部材断面

(1) せん断力図、曲げモーメント図を描きなさい。

(2) 最大せん断力、最大曲げモーメントを求めなさい。

最大せん断力 $Q_{max} =$	kN
最大曲げモーメント $M_{max} =$	kN・m

(3) 断面積 A、断面係数 Z を求めなさい。

(計算式)

断面積 $A =$	mm^2
断面係数 $Z =$	mm^3

(4) 最大せん断応力度 τ_{max}、最大曲げ応力度 σ_{bmax} を計算し、安全性を検討しなさい。

(計算式)

		不等号			
$\tau_{max} =$	N/mm²		$f_S = 3N/mm^2$	$\Rightarrow$ OK ・ NG
$\sigma_{bmax} =$	N/mm²		$f_b = 20N/mm^2$	$\Rightarrow$ OK ・ NG

問題2 床の単位荷重（固定荷重＋積載荷重）算定に関する問題

(1) 「学校の屋上」の床断面を図に示す。このとき、床の単位荷重 W_1（kN/m²）を求めなさい。

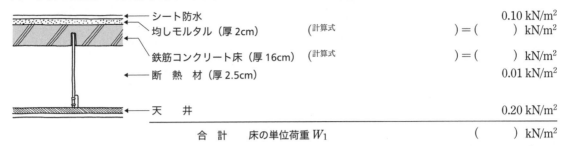

← シート防水	0.10 kN/m²
← 均しモルタル（厚 2cm）（計算式 ）＝（ ）kN/m²	
← 鉄筋コンクリート床（厚 16cm）（計算式 ）＝（ ）kN/m²	
← 断 熱 材（厚 2.5cm）	0.01 kN/m²
← 天 井	0.20 kN/m²
合 計 床の単位荷重 W_1	（ ）kN/m²

(2) 右図は床平面の一部を示したものです。この床が屋上全体に広がっています。このとき、スパン 6m の大梁 G_1 について、計算してみましょう。大梁 G_1 に伝わる床荷重の範囲を右図に記し、分担面積 A を求めなさい。

（計算式）

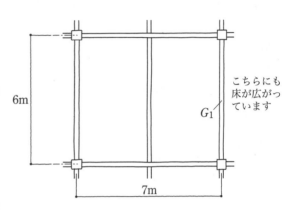

こちらにも床が広がっています

6m　7m　G_1

$A =$ _____ m²

(3) 大梁 G_1 の自重 W（kN）を求めなさい。

（計算式）

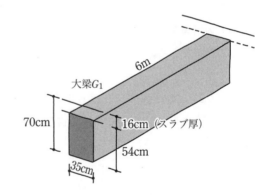

大梁G_1　6m
70cm　16cm（スラブ厚）
54cm
35cm

$W =$ _____ kN

(4) 大梁 G_1 の自重 W（kN）を分担面積 A（m²）で除して、大梁の単位荷重 W_2（kN/m²）を求めなさい。

（計算式）

$W_2 =$ _____ kN/m²

(5) 床、梁の単位重量に積載荷重をたし合わせて床の単位重量（kN/m²）を求めなさい。

	床の自重 W_1	大梁の自重 W_2	積載荷重（学校の屋上）	合 計
床設計用	kN/m²	—	kN/m²	kN/m²
大梁設計用	kN/m²	kN/m²	kN/m²	kN/m²
地震荷重算定用	kN/m²	kN/m²	kN/m²	kN/m²

25

問題3 下図の建物にかかる積雪荷重 W_s（kN/m²）を求めなさい。ただし、建物は多雪区域に建ち、垂直積雪量100cm、屋根の傾斜角30°である。ただし、積雪の単位重量30N/m²（積雪1cmあたり）とする。

(計算式)

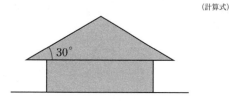

$W_s =$ _____ kN/m²

問題4 積雪荷重に関する次の文章中（　）内に適切な語句を、［　］内に適切な数値を記入しなさい。

(➡ 📖 p.48 ～ 49)

　積雪荷重は積雪の（❶　　　　　　　　）、（❷　　　　　　　　）積雪量、（❸　　　　　　　　）係数の積によって求めることができる。

　積雪の単位荷重は一般の地域の場合、積雪1cmあたり［❹　　　　　］N/m²以上とする。

　多雪区域とは、垂直積雪量が［❺　　　　　］m以上の区域（❻どちらかを選択 または・かつ）積雪の初終間日数の平均値が［❼　　　　　］日以上の区域である。

　雪止めがない場合、勾配は（❽どちらかを選択 大きく・小さく）なるにしたがって積雪荷重は小さくなり、［❾　　　　　］°を超えると積雪荷重は［❿　　　　　］になる。

　積雪荷重は屋根全体に雪が積もっている状態より（⓫　　　　　　　　）な積もり方をする方が不利になる場合がある。

　雪おろしの慣習がある地方においては、雪おろしの実状に応じて垂直積雪量を［⓬　　　　　］mまで低減することができる。

問題5 図のような方向に風を受ける建築物のA点およびB点における風圧力の大きさを求めなさい。ただし、速度圧は1000N/m²とし、建築物の外圧係数及び内圧係数は、図に示す値とする。

(計算式)

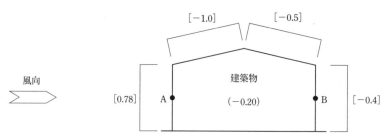

［　］内の値は外圧係数、（　）内の値は内圧係数を示す。

A点の風圧力＝ _____ N/m²　　　B点の風圧力＝ _____ N/m²

問題6 図のような建物について風荷重および層せん断力を求めなさい。ただし、建設地は大阪市、構造は鉄筋コンクリート構造、地表面粗度区分Ⅲとする。

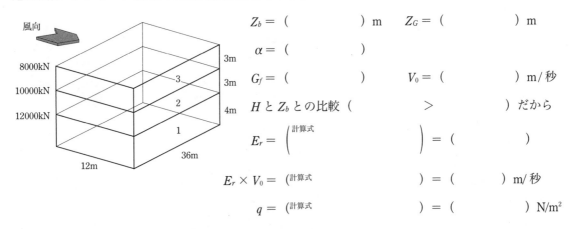

$Z_b = ($ 　　　　 $)$ m 　　$Z_G = ($ 　　　　 $)$ m

$\alpha = ($ 　　　　 $)$

$G_f = ($ 　　　　 $)$ 　　$V_0 = ($ 　　　　 $)$ m/秒

H と Z_b との比較（ 　　　　 $>$ 　　　　 ）だから

$E_r = \left({}^{\text{計算式}} \hspace{3cm} \right) = ($ 　　　　 $)$

$E_r \times V_0 = \left({}^{\text{計算式}} \hspace{2.5cm} \right) = ($ 　　　　 $)$ m/秒

$q = \left({}^{\text{計算式}} \hspace{2.5cm} \right) = ($ 　　　　 $)$ N/m²

層	速度圧 q	風力係数 C_f	見付面積 A	風荷重	層せん断力 Q
3	N/m²		m²	kN	kN
2	N/m²		m²	kN	kN
1	N/m²		m²	kN	kN

問題7 **問題6**の建物について各階に作用する地震層せん断力 Q_i を求めなさい。

地震地域係数 $Z = ($ 　　　　 $)$

設計用1次固有周期 $T = ({}^{\text{計算式}} \hspace{3cm}) = ($ 　　　　 $)$ 秒

地　盤：第1種　$R_t = ($ 　　　　 $)$

標準せん断力係数　$C_0 = 0.2$

層	W_i	α_i	A_i	$C_i\ (= Z \times R_t \times A_i \times C_0)$	$Q_i\ (= C_i \times W_i)$
3	kN			kN	kN
2	kN			kN	kN
1	kN			kN	kN

27

問題1 鉄筋コンクリート構造に関する文中（　　）内に適切な語句を、[　]内の適切な数値を記入しなさい。

【各部名称】（→ TEXT p.68）

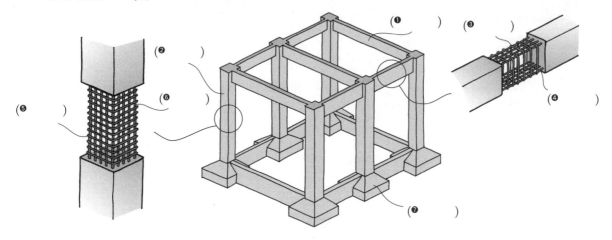

【標準的な規模・寸法】（→ TEXT p.68）

階数：[❽　　　]階以下

柱間隔（スパンL）：[❾　　　　]～[❿　　　　]m

梁せい（最上階）：[⓫　　　　　]～[⓬　　　　　]

2～3階下がるごとに＋[⓭　　　]cm

梁幅＝梁せい×[⓮　　　]～[⓯　　　]1階下がるごとに＋[⓰　　　]cm

【鉄筋、コンクリートの長所・短所】（→ TEXT p.68 表3·1）

	長　所	短　所
鉄　筋	(⓱　　　) 力に対して強い	(⓲　　　) 力に対して (⓳　　　) が生じると本来の強さを発揮することができない。 (⓴　　　) る。
コンクリート	(㉑　　　) 力に対して強い	(㉒　　　) 力に対して弱い。 引張強さ ＝ 圧縮強さ × [㉓　　　] 倍

【鉄筋とコンクリートとの相性の良さ】（→ TEXT p.69）

①両者間の（㉔　　　　　　）が良く、力の伝達はスムーズに行われる。

②温度変化による膨張率（（㉕　　　　　　　）係数）が等しく（[㉖　　　　　　]1/℃）温度変化による（㉗　　　　　）や剥落が生じない。

③（㉘　　　　）性のコンクリートが鉄筋の（㉙　　　　　　）を防ぐ。

【材　料】

1 コンクリート（→ 📖 p.70 ～ 71）

コンクリートの種類：（㉚　　　　　）コンクリート　　　（㉛　　　　　）コンクリート

（㉜　　　　　）強度 F_c：（㉝　　　　　　　）の際に基準とするコンクリートの圧縮強度（N/mm²）

（㉞　　　　　）係数 E：材料の変形しやすさ・しにくさを表す弾性定数（N/mm²）

次の応力度－ひずみ度曲線に初期勾配の線（原点 O と点 A を結ぶ直線）を描きなさい。
この初期勾配がヤング係数を表しています。

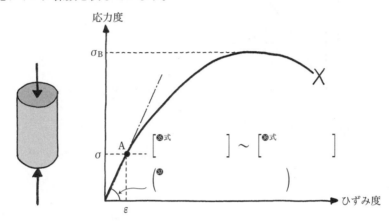

ヤング係数の算定式

$$E = \left[\begin{array}{c} ㊳式 \\ \end{array} \right] \quad \cdots\cdots\cdots\cdots\cdots 式 3\text{--}1$$

ここで　E：コンクリートのヤング係数（N/mm²）

　　　　γ：コンクリートの単位体積重量（kN/m³）

　　　　F_c：コンクリートの設計基準強度（N/mm²）

式 3-1 より、コンクリートの単位体積重量 $\gamma = 23\text{kN/m}^3$、設計基準強度 $F_c = 24\text{N/mm}^2$ の場合のヤング
係数 E（N/mm²）の値を求めてみよう。

(計算式)

ヤング係数 $E =$ 　　　　　　　　　　　N/mm²

3　鉄筋コンクリート構造

29

コンクリートの圧縮力に対する許容応力度は設計基準強度F_cをもとに定められており、

長期許容応力度＝［㊴　　　　　］× F_c　　短期許容応力度＝［㊵　　　　　］× F_c

である。

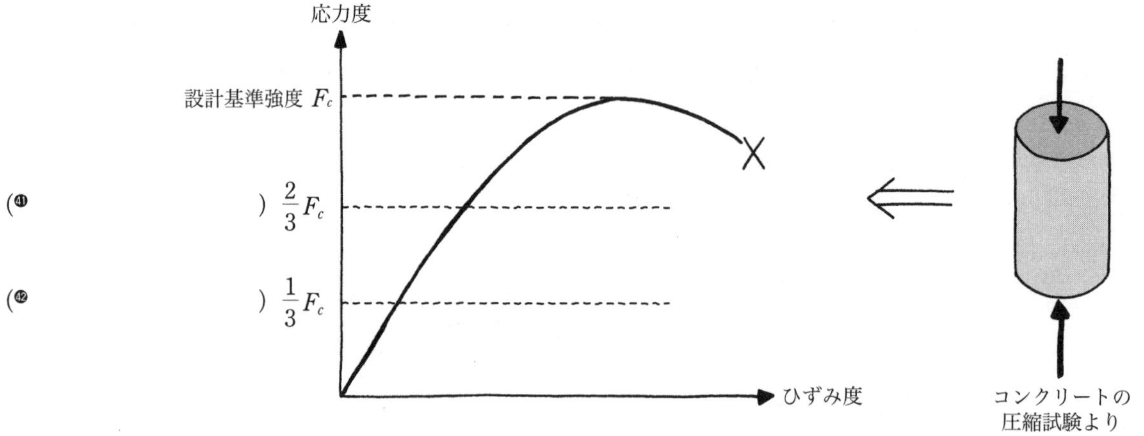

応力度
設計基準強度 F_c
(㊶　　　　　) $\frac{2}{3}F_c$
(㊷　　　　　) $\frac{1}{3}F_c$
ひずみ度
コンクリートの
圧縮試験より

設計基準強度F_c = 24N/mm^2 の場合、

長期許容圧縮応力度は［㊸　　　　　］N/mm^2　　短期許容圧縮応力度は［㊹　　　　　］N/mm^2

②鉄　筋（➔ TEXT p.71 ～ 73）

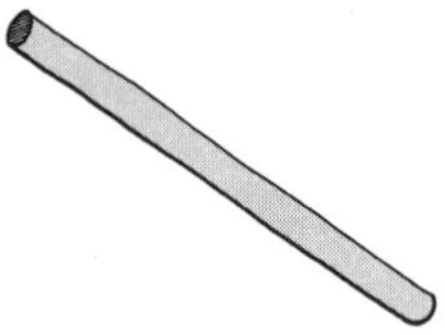

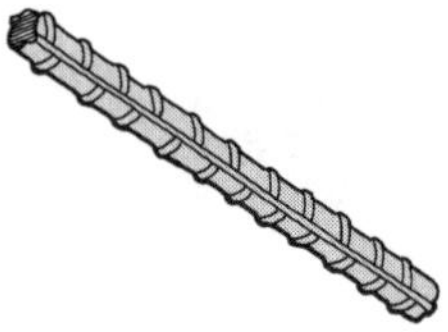

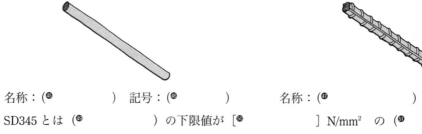

名称：(㊺　　　　　)　記号：(㊻　　　　)　　名称：(㊼　　　　　)　記号：(㊽　　　　)

SD345とは（㊾　　　　　）の下限値が［㊿　　　　　］N/mm^2　の（51　　　　　）である。

鉄筋の許容応力度は、図のように基準強度Fをもとに算定される。

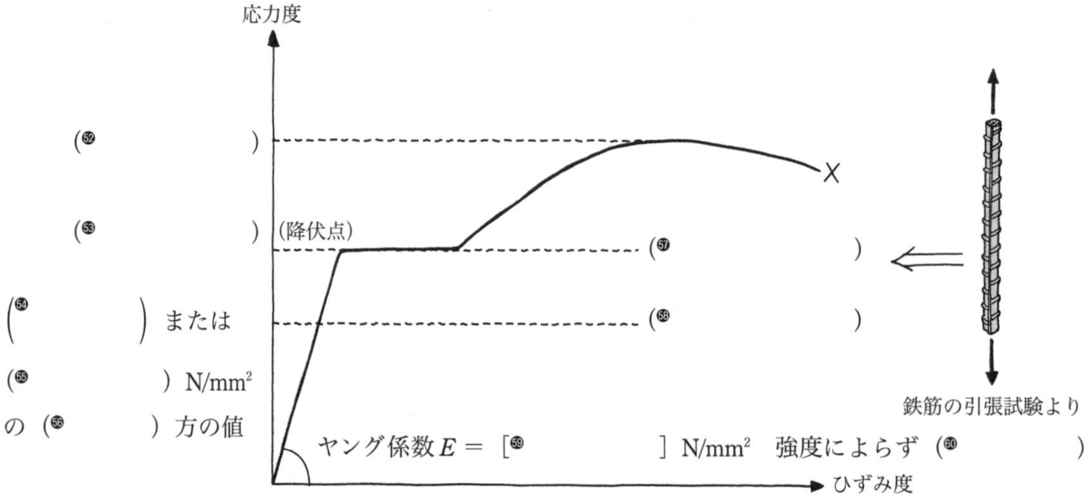

応力度
(52　　　　　)
(53　　　　　)
(降伏点)
(57　　　　　)
(54　　　　　) または
(58　　　　　)
(55　　　　　) N/mm^2
の (56　　　) 方の値
ヤング係数E = [59　　　　　] N/mm^2　強度によらず (60　　　　)
ひずみ度
鉄筋の引張試験より

例題1　図のような鉄筋コンクリートの柱の中心に 2000kN の圧縮力が作用しました。このときコンクリートに生じる圧縮応力度 σ_c と鉄筋に生じる圧縮応力度 σ_s を求めなさい。ただしヤング係数比 n は 15 として計算しなさい。

（→ TEXT p.74 例題3・1）

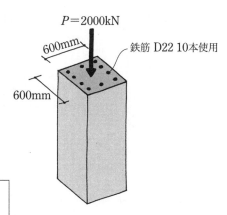

$P=2000\text{kN}$
600mm
600mm
鉄筋 D22 10本使用

ヤング係数比とは（❺❶　　　　　　　　　）のヤング係数に対する（❺❷　　　　　　　　　）のヤング係数の比である。

鉄筋の断面積 A_s、コンクリートの断面積 A_c を求めます。
TEXT p.187 の［付録5］より鉄筋 D22 10本　⇒　$A_s =$（❶　　　　　　　　）mm^2
コンクリートの断面積 A_c は

$A_c =$（❷計算式　　　　　　　　　　　　　　　　）＝（❸　　　　　　　　　）mm^2

式3-6 より　コンクリートに生じる圧縮応力度 σ_s を求める。

$$\sigma_c = \frac{P}{n \cdot A_s + A_c} = \left(\text{❹計算式}\right) = （❺　　　　　　）\text{N/mm}^2$$

式3-3 より　鉄筋に生じる圧縮応力度 σ_s を求める。

$$\sigma_s = n \cdot \sigma_c = （\text{❻計算式}　　　　　　） = （❼　　　　　　）\text{N/mm}^2$$

問題2　次の文章で、正しいものには○、誤っているものには×を付けなさい。

(1)（　　）コンクリートの強度の大小関係は、圧縮強度 ＞ 引張強度である。

(2)（　　）コンクリートの引張強度は、圧縮強度の 1/2 程度である。

(3)（　　）鋼材の線膨張係数は、常温において、普通コンクリートの線膨張係数の約 10 倍である。

(4)（　　）コンクリートのヤング係数は、応力ひずみ曲線上における圧縮強度時の点と原点とを結ぶ直線の勾配で表される。

(5)（　　）コンクリートのヤング係数は、圧縮強度が大きいものほど大きい。

(6)（　　）コンクリートの圧縮強度が大きくなると、ヤング係数比は小さくなる。

(7)（　　）普通コンクリートの気乾単位容積質量の標準的な範囲は、2200 〜 2400kg/m³ である。

(8)（　　）常温における鉄筋のヤング係数は、すべての鋼種において $2.05 \times 10^5 \text{N/mm}^2$ 程度である。

(9)（　　）JIS において、異形棒鋼 SD345 の引張強さの下限値は、345 N/mm² である。

(10)（　　）コンクリートの短期許容圧縮応力度は長期許容圧縮応力度の 1.5 倍である。

(11)（　　）鉄筋の短期許容引張応力度は長期許容引張応力度の 1.5 倍である。

3　鉄筋コンクリート構造

問題1 梁に関する次の文中 ( ) 内に適切な語句を、[ ] 内に適切な数値を記入しなさい。

(→ TEXT p.75 ～ 81)

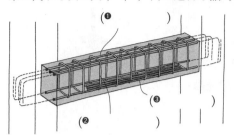

主　　筋：(❹　　　　　　　　　　) に対抗する。

あばら筋：(❺　　　　　　　　　　) に対抗する。

コンクリートは (❻　　　　　) 力に弱いので、(❼　　　　　　　) 力が生じる側に鉄筋を配する必要がある。
引張力を受ける鉄筋を (❽　　　　　) 鉄筋という。

・下図 (a) のように引張側にのみ主筋を配する梁を (❾　　　　　) 梁、下図 (b) のように引張・圧縮両側に主筋を配する梁を (❿　　　　　) 梁という。

・引張側に配する主筋を (⓫　　　　　) 鉄筋、圧縮側に配する主筋を (⓬　　　　　) 鉄筋という。

・引張鉄筋に対する圧縮鉄筋の割合を (⓭　　　　　) 比という。下図 (b) の主筋径がすべて等しければ、複筋比は [⓮　　　　　] である。

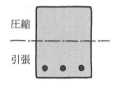

(a)

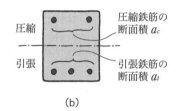

(b)

・梁の圧縮側端部から引張鉄筋中心線までの距離を (⓯　　　　　　) d という。

・梁の有効断面積（梁幅 b ×有効せい d）に対する引張鉄筋の断面積 a_t の割合を (⓰　　　　　) 比という。

・下図②のように、引張鉄筋・圧縮側コンクリート双方が同時に許容応力度に達するときの引張鉄筋比を (⓱　　　　　　　) 比という。

①鉄筋量を少なめにすると、鉄筋が先に許容応力度に達する。

②鉄筋量をうまく調整すると鉄筋、コンクリート双方同時に許容応力度に達する。

③鉄筋量を多めにすると、コンクリートが先に許容応力度に達する。

例題1 次の梁に引張鉄筋を配しなさい。(→ TEXT p.76 例題3·2)

(1)

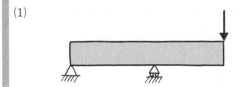

(2)

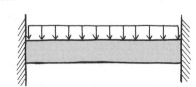

例題2　図のような断面をもつ鉄筋コンクリート梁の長期荷重に対する許容曲げモーメント M_0 を求めなさい。ただし、梁は釣り合い鉄筋比以下で設計されており、鉄筋（SD345）の長期許容引張応力度 $f_t = 215 \text{N/mm}^2$ である。（→ TEXT p.81 例題 3・3、p.186［付録 4］）

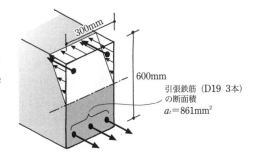

300mm

600mm

引張鉄筋（D19 3本）
の断面積
$a_t = 861 \text{mm}^2$

有効せい $d =$ （❶計算式　　　　　　　　　　　　　　　　）＝（❷　　　　　　　　　）mm（→ TEXT p.80）

$j = \dfrac{7}{8}d =$ （❸計算式　　　　　　　　　　　　　　）＝（❹　　　　　　　　　）mm

式 3-13 より、長期許容曲げモーメント M_0 を求めます。

$M_0 = a_t \times f_t \times j =$ （❺計算式　　　　　　　　　　　　　　　　　）＝　（❻　　　　　　　　　）kN・m

問題2　図の梁の引張鉄筋比が釣り合い鉄筋比以下の場合、梁の長期許容曲げモーメント M_0 を求めなさい。ただし、鉄筋は SD345、D22 を使用しており、下端筋 4 本が引張鉄筋である。（→ TEXT p.187［付録 5］）

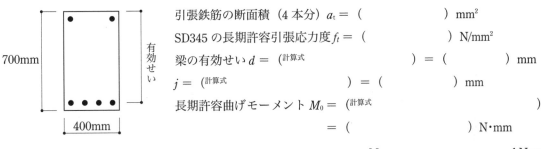

700mm

有効せい

400mm

引張鉄筋の断面積（4 本分）$a_t =$ （　　　　　　　　　）mm²

SD345 の長期許容引張応力度 $f_t =$ （　　　　　　　　　）N/mm²

梁の有効せい $d =$ （計算式　　　　　　　　）＝（　　　　　　　）mm

$j =$ （計算式　　　　　　　　　）＝（　　　　　　　）mm

長期許容曲げモーメント $M_0 =$ （計算式　　　　　　　　　　　　　）

＝（　　　　　　　　　）N・mm

$M_0 =$ 　　　　　　　　　　kN・m

例題3　梁端部について（→ TEXT p.82 〜 84 例題 3・4）

梁端部に生じる曲げモーメント

長期荷重の場合（（❶　　　　　）荷重のみ）

　$M =$ （❷　　　　　　　　）kN・m

短期荷重（（❸　　　　　）荷重＋（❹　　　　　）力）

　$M =$ （❺計算式　　　　　　　　　　　　　　　）

　　＝（❻　　　　　　　　　）kN・m

梁の（❼　　　　　）側が引張になります。

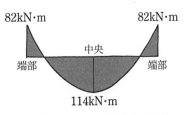

82kN・m　　　　　82kN・m

中央

端部　　　　　　　端部

114kN・m

梁の曲げモーメント図（鉛直荷重）

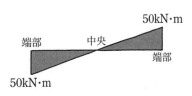

50kN・m

端部　　中央

端部

50kN・m

梁の曲げモーメント図（水平力）

手順1　右図のように梁幅 b と梁せい D を仮定します。

$b = 300$mm　　　$D = 600$mm

有効せい d を決めます。

$d =$ (❽計算式　　　　　　　) = (❾　　　　　　　) mm

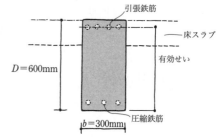

引張鉄筋

床スラブ

$D=600$mm　有効せい

$b=300$mm

圧縮鉄筋

手順2　複筋比 γ を 0.5 〜 0.6 程度で仮定します。

$\gamma = 0.6$　とします。

手順3　曲げ応力度に関連する数値 $C = M/bd^2$ を長期荷重の場合、短期荷重の場合それぞれについて計算します。

[長期について]

$$C = \frac{M}{b \cdot d^2} = \left(❿計算式 \qquad\qquad\qquad\qquad\right) = (⓫ \qquad\qquad) \text{ N/mm}^2$$

[短期について]

$$C = \frac{M}{b \cdot d^2} = \left(⓬計算式 \qquad\qquad\qquad\qquad\right) = (⓭ \qquad\qquad) \text{ N/mm}^2$$

手順4　📖 p.188・189 の［付録7（A）（B）］計算図表を用いて長期と短期の引張鉄筋比 p_t を読み取り、両者のうち大きい方の値を採用します。

p_t（長期）= (⓮　　　) %

p_t（短期）= (⓯　　　) %

　　⇒　大きい方の値　$p_t =$ (⓰　　　　　) %を採用します。

手順5　引張鉄筋の必要断面積 a_t を求めます。

式3-11 より引張鉄筋比 $p_t = \dfrac{a_t}{b \cdot d} \times 100$　を変形して

$a_t = \dfrac{p_t}{100} \cdot b \cdot d$

$$a_t = \left(⓱計算式 \qquad\qquad\qquad\qquad\qquad\right) = (⓲ \qquad\qquad) \text{ mm}^2$$

手順6　圧縮鉄筋の断面積 $a_c = \gamma \cdot a_t$ を求めます。

$a_c =$ (⓳計算式　　　　　　　　　) = (⓴　　　　　) mm²

手順7　主筋径を決めて 📖 p.187［付録5］より主筋の本数を決めます。

D19 で本数を決めてみます。

　引張鉄筋（上端筋）D19　(㉑　　　) 本（㉒　　　　mm²）

　圧縮鉄筋（下端筋）D19　(㉓　　　) 本（㉔　　　　mm²）

梁端部の配筋は図のようになります。

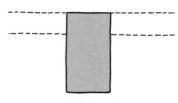

梁端部の配筋

問題3 下図のような曲げモーメントが生じている梁端部の主筋量を定めなさい。

ただし、使用鉄筋は SD345 D19 コンクリートの設計基準強度 $F_c = 24\text{N/mm}^2$ とする。

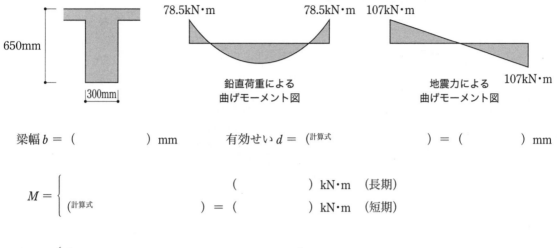

鉛直荷重による
曲げモーメント図

地震力による
曲げモーメント図

梁幅 $b =$ ( ) mm　　　有効せい $d =$ (計算式) = ( ) mm

$$M = \begin{cases} (\qquad) \text{ kN·m} \quad (長期) \\ (計算式 \qquad) = (\qquad) \text{ kN·m} \quad (短期) \end{cases}$$

$$C = \begin{cases} \left(計算式 \qquad\qquad \right) = (\qquad) \text{ N/mm}^2 \quad (長期) \\ \left(計算式 \qquad\qquad \right) = (\qquad) \text{ N/mm}^2 \quad (短期) \end{cases}$$

📖 p.188 の［付録 7（A）］より
📖 p.189 の［付録 7（B）］より
$p_t = \begin{cases} (\qquad) \% \quad (長期) \\ (\qquad) \% \quad (短期) \end{cases}$ よって $p_t =$ ( ) ％とする。

上端筋断面積 $a_t = \left(計算式 \qquad\qquad\qquad \right) = ($) mm²

複筋比 $\gamma = 0.6$ とします。

下端筋断面積 $a_c = \left(計算式 \qquad\qquad\qquad \right) = ($) mm²

📖 p.187 の［付録 5］より

上端筋 D19 ( ) 本		( ) mm²	
下端筋 D19 ( ) 本		( ) mm²	

図に主筋を描きなさい。

例題1 梁中央について（→ TEXT p.84〜87 例題3·4）

T形梁有効幅Bの算定式（ラーメン材および連続梁の場合）

$$B = b + 2b_a$$

$$b_a = \begin{cases} \left(0.5 - 0.6\dfrac{a}{l}\right)a & (❶ \qquad)\text{の場合} \\ 0.1l & (❷ \qquad)\text{の場合} \end{cases}$$

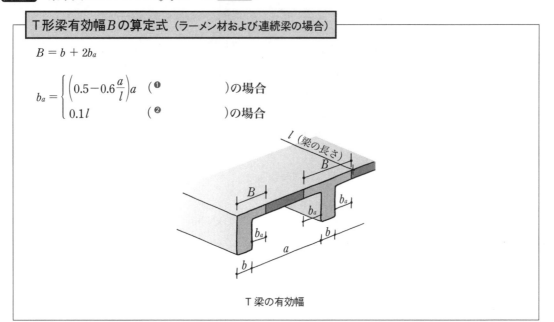

T梁の有効幅

T形梁の有効幅Bの算定

aと$0.5l$を比較する。

$a = $（❸　　　　　）mm

$0.5l = $（❹　　　　　）mm

a ❺［　　］ $0.5l$

したがって

$b_a = $（❻　　　　　）mm

有効幅 $B = b + 2b_a = $（❼　　　　　　　）mm

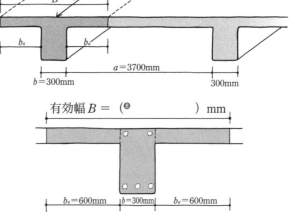

[主筋量の算定]

T形梁の場合、一般に（❶　　　　　　　　　）以下（（❷　　　）鉄筋の強さで決まる）になります。

手順1　釣り合い鉄筋比以下での許容曲げモーメント算定式（→ TEXT p.81 式3-13）を使って引張鉄筋の必要断面積a_tを決めます。梁に生じる曲げモーメントMが許容曲げモーメントM_0以下であればよいことより、

$M_0 = a_t \cdot f_t \cdot j \geqq M$　となり、

梁中央に生じる曲げモーメント

　$M =$（❸　　　　）kN・m

（（❹　　　）側引張）より、

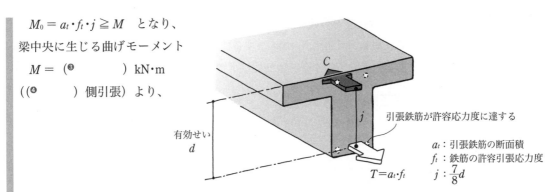

引張鉄筋が許容応力度に達する

a_t：引張鉄筋の断面積
f_t：鉄筋の許容引張応力度

$T = a_t \cdot f_t$　　$j : \dfrac{7}{8}d$

T形梁の許容曲げモーメント

$$a_t \geqq \frac{M}{f_t \cdot j} = \left(^{\text{❺計算式}} \qquad\qquad\qquad\qquad\right) = （❻ \qquad) \ \text{mm}^2$$

引張鉄筋（下端筋）の必要断面積 a_t は（❼　　　　　　　）mm² を上回ればよいということになります。

手順2　複筋比 γ を仮定し、圧縮鉄筋の断面積 $a_c = \gamma \cdot a_t$ を求めます。

　複筋比 $\gamma = 0.5$ とします。

　$a_c = (^{\text{❽計算式}}\qquad\qquad\qquad) = (❾\qquad\qquad) \ \text{mm}^2$

手順3　主筋径を決めて TEXT p.187 の［付録5］より主筋の本数を決めます。

D19 で本数を決めてみます。

　圧縮鉄筋（上端筋）　D19（❿　　　）本 －（⓫　　　　）mm²
　引張鉄筋（下端筋）　D19（⓬　　　）本 －（⓭　　　　）mm²

梁中央の配筋は図のようになります。

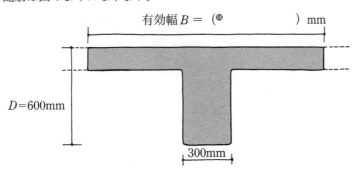

梁中央の配筋（断面図）

問題1　次の梁を T 形梁と考えたときの有効幅 B を求めなさい。

a と $0.5l$ を比較する。

　$a = (^{\text{計算式}}\qquad\qquad\qquad) = (\qquad\qquad) \ \text{mm}$

　$0.5l = (^{\text{計算式}}\qquad\qquad\qquad) = (\qquad\qquad) \ \text{mm}$

　$a \ \boxed{}^{\text{不等号}} \ 0.5l$

　$b_a = (^{\text{計算式}}\qquad\qquad\qquad) = (\qquad\qquad) \ \text{mm}$

　$B = 2b_a + b = (^{\text{計算式}}\qquad\qquad\qquad) = \underline{(\qquad\qquad) \ \text{mm}}$

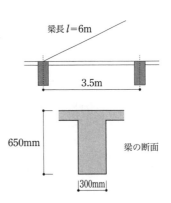

梁長 $l = 6\text{m}$

3.5m

650mm

梁の断面

300mm

問題2 **問題1** (p.37) の梁中央について主筋量を求めなさい。

ただし、鉄筋は SD345　D19 を使用し、複筋比 $\gamma = 0.5$ とする。梁中央には曲げモーメント $M = 120\text{kN·m}$ （長期）が生じています。T形梁と考え、釣り合い鉄筋比以下であるものとする。

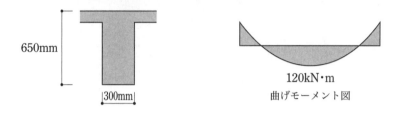

650mm

|300mm|

120kN·m
曲げモーメント図

$$M_0 = a_t \cdot f_t \cdot j \geq M \quad \text{より}$$

$$a_t \geq \frac{M}{f_t \cdot j} = \left(^{\text{計算式}} \qquad\qquad\qquad\right) = (\qquad\quad) \text{ mm}^2$$

複筋比 $\gamma = 0.5$ より

$$a_c = (^{\text{計算式}} \qquad\qquad\qquad) = (\qquad\quad) \text{ mm}^2$$

📖 p.187 の ［付録5］ より主筋の本数を決める。

圧縮鉄筋（上端筋）⇒ D19 （　　　）本 － （　　　　　　）mm²

引張鉄筋（下端筋）⇒ D19 （　　　）本 － （　　　　　　）mm²

有効幅 $B = (\qquad\qquad) \text{ mm}$

図に主筋を描きなさい。

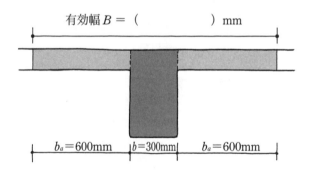

$b_a = 600\text{mm}$　$b = 300\text{mm}$　$b_a = 600\text{mm}$

【梁・柱のせん断補強】（➡ 📖 p.96 〜 100）

問題3　あばら筋に関する次の文章の（　　）内に適切な語句を、［　］内に適切な数値を記入しなさい。

梁、柱はせん断力によって（❶　　　　）形から（❷　　　　　　）形に変形させられます。この変形によって片方の対角線が伸びます。伸びた対角線にそって（❸　　　　）力が発生し（❹　　　　）力に弱いコンクリートは（❺　　　　）方向にひび割れてしまいます。あばら筋、帯筋は部材に対して（❻　　　　）方向に配され、コンクリートのひび割れラインに入り、せん断力による斜め方向の（❼　　　　）力に抵抗するのです。

[あばら筋の規定]

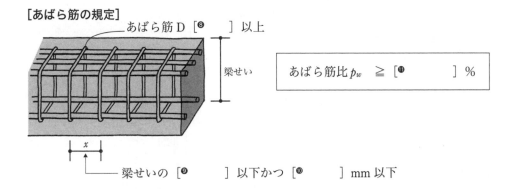

あばら筋 D [❽　　] 以上

梁せい

あばら筋比 p_w ≧ [⓫　　　　] ％

x

梁せいの [❾　　　] 以下かつ [❿　　　] mm 以下

例題3　図の梁について、あばら筋比 p_w を検討をしなさい。（➡ TEXT p.99 例題3·6）

300mm

あばら筋
D10 200mm
間隔

500mm

（計算式）❶

$p_w =$ ❷ _____ ％

あばら筋比は（❸　　　　）％以上必要だから（❹　OK・NG）

問題4　次の梁についてあばら筋比 p_w を検討しなさい。ただし、あばら筋 D10、副あばら筋 D10、梁幅 400mm、あばら筋間隔 200mm である。

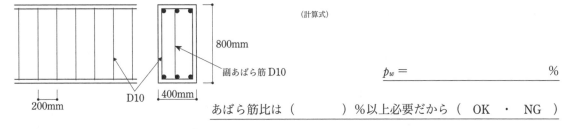

800mm

副あばら筋 D10

200mm　　　D10　400mm

（計算式）

$p_w =$ _____ ％

あばら筋比は（　　　　）％以上必要だから（　OK　・　NG　）

問題5　次の文章で、正しいものには○、誤っているものには×を付けなさい。

(1)（　　）許容応力度設計において、圧縮力の働く部分では、鉄筋に対するコンクリートのかぶり部分も圧縮力を負担するものとして設計する。

(2)（　　）部材の曲げモーメントに対する断面算定においては、コンクリートの引張応力を無視した。

(3)（　　）引張鉄筋比が釣り合い鉄筋比を超える場合、梁の許容曲げモーメントを a_t（引張鉄筋の断面積）× f_t（引張鉄筋の許容引張応力度）× j（応力中心間距離）により計算した。

(4)（　　）梁の引張鉄筋比が、釣り合い鉄筋比以下の場合、梁の許容曲げモーメントは、引張鉄筋の断面積にほぼ比例する。

(5)（　　）梁とスラブを一体に打設するので、梁の剛性については、スラブの有効幅を考慮した T 形梁として計算した。

(6)（　　）梁のあばら筋比を、0.2％以上とした。

(7)（　　）梁のせん断補強筋比を、0.1％以上とした。

問題1 次の（　　）内に適切な語句を、［　　］内の適切な数値を記入しなさい。

【柱に生じる力と鉄筋の役割】（→ TEXT p.88 ～ 89）

主筋：（❶　　　　　）力＋（❷　　　　　　　　　　　）に対抗する。

帯筋：（❸　　　　　）力に対抗する。

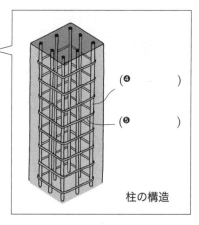

（❹　　　　　　）

（❺　　　　　　）

柱の構造

【構造力学　組合せ応力度】

問題2 図のような脚部で固定された柱の底面 A － A' に生じる圧縮応力度と曲げ応力度の組合せ応力度を求めてみよう。

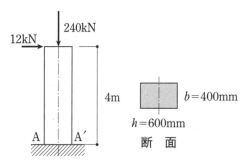

240kN

12kN

4m

A　　A'

b=400mm

h=600mm

断　面

（計算手順）

①底面 A － A' に生じる　圧縮力 N =（　　　　　）kN　　曲げモーメント M =（　　　　　）kN·m

②底面 A － A' の断面積 A = （^{計算式}　　　　　　　　　）=（　　　　　）× 10^3mm²

　　　断面係数 $Z = \dfrac{bh^2}{6}$ = （^{計算式}　　　　　　　　　　　　　　）=（　　　　　）× 10^6mm³

③底面 A － A' の圧縮応力度 σ_c (N/mm²) と曲げ応力度 σ_b (N/mm²) を求め、下に図化する。

　　　圧縮応力度 $\sigma_c = \dfrac{N}{A}$ = （^{計算式}　　　　　　　　　　　　　）=（　　　　　）N/mm²

　　　曲げ応力度 $\sigma_b = \dfrac{M}{Z}$ = （^{計算式}　　　　　　　　　　　　　）=（　　　　　）N/mm²

④圧縮応力度と曲げ応力度を足し合わせて、底面 A － A' の組合せ応力度の分布を図化する。

　（軸の上側を引張、下側を圧縮として描く）

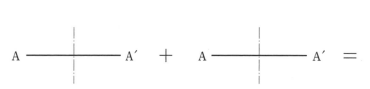

A ———— A'　　＋　　A ———— A'　　＝　　A ———— A'

圧縮応力度　　　　　　　　曲げ応力度　　　　　　　　　　　組合せ応力度

例題 1 図に示す柱の主筋量を決めなさい。（→ TEXT p.90 〜 93 **例題 3・5**）

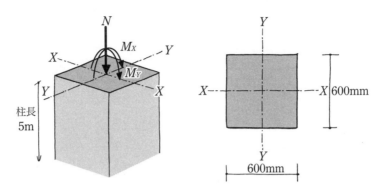

[設計条件]　柱に生じる力

長期荷重によって生じる力
$$\begin{cases} \text{圧縮力} & N = 400\text{kN} \\ X\text{軸まわりの曲げモーメント } M_X = 150\text{kN·m} \\ Y\text{軸まわりの曲げモーメント } M_Y = 130\text{kN·m} \end{cases}$$

短期荷重によって生じる力
$$\begin{cases} \text{圧縮力} & N = 570\text{kN} \quad \text{または} \quad 330\text{kN} \\ X\text{軸まわりの曲げモーメント } M_X = 450\text{kN·m} \\ Y\text{軸まわりの曲げモーメント } M_Y = 300\text{kN·m} \end{cases}$$

コンクリート：設計基準強度 $F_c = 24\text{N/mm}^2$ ⎫
鉄　　　　筋：SD345　D22 を使用します。 ⎭ TEXT p.190 〜 191 の［付録 8（A）］、［付録 8（B）］を使用。

【解　答】

柱は X、Y 両方向の力を受けるので、それぞれの軸について検討しなくてはなりません。

▶ X 軸についての検討

手順 1　柱軸方向には圧縮応力度と曲げ応力度が作用するので、N/bD（圧縮応力度）と M_X/bD^2（曲げ応力度に関連する数値）を求めます。長期、短期（$N = 570\text{kN}$）、短期（$N = 330\text{kN}$）それぞれの場合について求めます。

[長期について]

$$\frac{N}{b \cdot D} = \left(\begin{array}{c} \text{❶計算式} \\ \\ \end{array} \right) = (\text{❷} \qquad) \text{ N/mm}^2$$

$$\frac{M_X}{b \cdot D^2} = \left(\begin{array}{c} \text{❸計算式} \\ \\ \end{array} \right) = (\text{❹} \qquad) \text{ N/mm}^2$$

[短期について（圧縮力が大きい場合　$N = 570\text{kN}$）]

$$\frac{N}{b \cdot D} = \frac{570\text{kN}}{600\text{mm} \times 600\text{mm}} = \frac{570 \times 10^3 \text{ N}}{600\text{mm} \times 600\text{mm}} = (\text{❺} \qquad) \text{ N/mm}^2$$

$$\frac{M}{b \cdot D^2} = \frac{450\text{kN·m}}{600\text{mm} \times (600\text{mm})^2} = \frac{450 \times 10^6 \text{ N·mm}}{600\text{mm} \times (600\text{mm})^2} = (\text{❻} \qquad) \text{ N/mm}^2$$

[短期について（圧縮力が小さい場合　$N = 330\text{kN}$）]

$$\frac{N}{b \cdot D} = \frac{330\text{kN}}{600\text{mm} \times 600\text{mm}} = \frac{330 \times 10^3\,\text{N}}{600\text{mm} \times 600\text{mm}} = (\text{❼}\qquad)\ \text{N/mm}^2$$

$$\frac{M_X}{b \cdot D^2} = \frac{450\text{kN·m}}{600\text{mm} \times (600\text{mm})^2} = \frac{450 \times 10^6\,\text{N·mm}}{600\text{mm} \times (600\text{mm})^2} = (\text{❽}\qquad)\ \text{N/mm}^2$$

手順2　計算図表（長期⇒ [TEXT] p.190 の ［付録 8（A）］、短期⇒ [TEXT] p.191 の ［付録 8（B）］）に N/bD と M_X/bD^2 の値を落とし込み、両者の交点から引張鉄筋比 p_t を読み取ります。（➡ [TEXT] p.91）

　　　・長期荷重によって生じる力の場合　　　　　　　　　　　　　$p_t = (\text{❾}\qquad)\ \%$
　　　・短期荷重によって生じる力の場合（圧縮力 570kN の場合）　$p_t = (\text{❿}\qquad)\ \%$
　　　・短期荷重によって生じる力の場合（圧縮力 330kN の場合）　$p_t = (\text{⓫}\qquad)\ \%$

3 つの p_t を比較して最大値を採用します。

　　　$p_t = (\text{⓬}\qquad)\ \%$

手順3　引張鉄筋比 p_t より引張鉄筋の必要断面積 a_t を求め、[TEXT] p.187 の ［付録 5］ より a_t を満たす鉄筋（D22）の本数を決めます。

$$p_t = \frac{a_t}{b \cdot D} \times 100 \quad \text{より} \quad a_t = \frac{p_t}{100} \cdot b \cdot D$$

$$a_t = \left(\begin{matrix}\text{⓭計算式}\\ \\ \end{matrix}\qquad\qquad\qquad\right) = (\text{⓮}\qquad)\ \text{mm}^2$$

　　　　　　　　　⇒　[TEXT] p.187 の ［付録 5］　⇒　D22（⓯　）本（⓰　　　）mm^2

手順4　X 軸に関して反対側にも同じ量の鉄筋を入れ（柱では複筋比 $\gamma = 1$ とする）X 軸に関する配筋が決まりました。

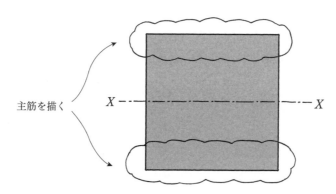

主筋を描く

► Y 軸についての検討

Y 軸について同様の検討を行います。

[手順1] N/bD（圧縮応力度）と M_X/bD^2（曲げ応力度に関連する数値）を求めます。

[長期について]

$$\frac{N}{b \cdot D} = \left(\text{❶計算式} \qquad\qquad\qquad\qquad \right) = (\text{❷} \qquad\qquad) \ \text{N/mm}^2$$

$$\frac{M_Y}{b \cdot D^2} = \left(\text{❸計算式} \qquad\qquad\qquad\qquad \right) = (\text{❹} \qquad\qquad) \ \text{N/mm}^2$$

[短期について（圧縮力が大きい場合　$N = 570\text{kN}$）]

$$\frac{N}{b \cdot D} = \frac{570\text{kN}}{600\text{mm} \times 600\text{mm}} = \frac{570 \times 10^3 \ \text{N}}{600\text{mm} \times 600\text{mm}} = (\text{❺} \qquad\qquad) \ \text{N/mm}^2$$

$$\frac{M_Y}{b \cdot D^2} = \frac{300\text{kN·m}}{600\text{mm} \times (600\text{mm})^2} = \frac{300 \times 10^6 \ \text{N·mm}}{600\text{mm} \times (600\text{mm})^2} = (\text{❻} \qquad\qquad) \ \text{N/mm}^2$$

[短期について（圧縮力が小さい場合　$N = 330\text{kN}$）]

$$\frac{N}{b \cdot D} = \frac{330\text{kN}}{600\text{mm} \times 600\text{mm}} = \frac{330 \times 10^3 \ \text{N}}{600\text{mm} \times 600\text{mm}} = (\text{❼} \qquad\qquad) \ \text{N/mm}^2$$

$$\frac{M_Y}{b \cdot D^2} = \frac{300\text{kN·m}}{600\text{mm} \times (600\text{mm})^2} = \frac{300 \times 10^6 \ \text{N·mm}}{600\text{mm} \times (600\text{mm})^2} = (\text{❽} \qquad\qquad) \ \text{N/mm}^2$$

[手順2] 計算図表（長期⇒ TEXT p.190 の［付録8（A）］、短期⇒ TEXT p.191 の［付録8（B）］）に N/bD と M_X/bD^2 の値を落とし込み、両者の交点から引張鉄筋比 p_t を読み取ります。（➡ TEXT p.91）

・長期荷重によって生じる力の場合　　　　　　　　　　　$p_t = (\text{❾} \qquad) \ \%$
・短期荷重によって生じる力の場合（圧縮力 550kN の場合）　$p_t = (\text{❿} \qquad) \ \%$
・短期荷重によって生じる力の場合（圧縮力 350kN の場合）　$p_t = (\text{⓫} \qquad) \ \%$

3つの p_t を比較して最大値を採用します。

$$p_t = (\text{⓬} \qquad) \ \%$$

[手順3] 引張鉄筋比 p_t より引張鉄筋の必要断面積 a_t を求め、TEXT p.187 の［付録5］より a_t を満たす鉄筋（D22）の本数を決めます。

$$a_t = \left(\text{⓭計算式} \qquad\qquad\qquad\qquad \right) = (\text{⓮} \qquad\qquad) \ \text{mm}^2$$

$$\Rightarrow \quad \text{TEXT p.187 の［付録5］} \Rightarrow \text{D22} \ (\text{⓯} \qquad) \text{本} \ (\text{⓰} \qquad\qquad) \ \text{mm}^2$$

手順4 Y軸に関して反対側にも同じ量の鉄筋を入れ（複筋比 $\gamma = 1$）Y軸に関する配筋が決まります。最終的に決まった配筋が下図となります。

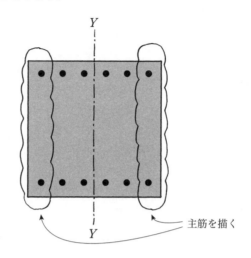

主筋を描く

[柱断面に対する主筋量の検討]

柱全主筋の鉄筋比 P_g は（**❶**　　　　　）％以上なくてはなりません。

主筋量の検討を行ってください。

(計算式) **❷**

$p_g = $ **❸**　　　　　 ％　（**❹** OK ・ NG ）

問題3　下記の柱断面の主筋量を短期応力に対して決め、柱断面図に主筋を描きなさい。ただし、柱に生じる力、材料は次の通りである。

$$\begin{cases} \text{圧縮力 } N = 350\text{kN（短期）} \\ \text{曲げモーメント } M_X = 250\text{kN·m（短期）} \qquad M_Y = 230\text{kN·m（短期）} \end{cases}$$

鉄筋：SD345　D19　　　　コンクリートの設計基準強度 $F_c = 24\text{N/mm}^2$

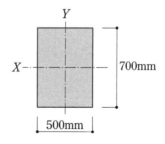

700mm

500mm

[X軸についての検討]

①圧縮応力度 N/bD、曲げ応力度に関する数値 M_X/bD^2 を求める。$b =$ _____ mm $\quad D =$ _____ mm

(計算式)

② 📖 p.191 の［付録 8 （B）］より引張鉄筋比 p_t を読み取る。$\qquad p_t =$ _____ %

③引張鉄筋の断面積 a_t $\left(a_t = \dfrac{p_t}{100} \cdot b \cdot D\right)$ を求め、📖 p.187 の［付録 5］より引張鉄筋（D19）の本数を決める。

(計算式)

(_____) 本－D19 (_____) mm^2

[Y軸についての検討]

Y 軸についても①②③の手順で進める。$\qquad b =$ _____ mm $\quad D =$ _____ mm

(計算式)

$p_t =$ _____ % (_____) 本－D19 (_____) mm^2

[断面図に対する主筋量の検討]

p.44 下の柱断面図に主筋を描きなさい。

完成した断面に対して柱全主筋量の鉄筋比 p_g を検討しなさい。

(計算式)

$p_g =$ _____ % 柱全主筋量は (_____) %以上必要だから （ OK ・ NG ）

問題1 3・4 例題1 (p.41～44) の結果をまとめてみよう。(➡ 📖 p.90～93 例題3・5)

● X軸についての検討

	N/bD	M_X/bD^2	p_t (引張鉄筋比)
長　期	N/mm²	N/mm² ⇨	％
短期（$N=570$kN）	N/mm²	N/mm² ⇨	％
短期（$N=330$kN）	N/mm²	N/mm² ⇨	％

引張鉄筋の断面積 $a_t = \dfrac{p_t}{100} \cdot b \cdot D =$（❶　　　　　　　）mm² ⇒ D22 を（❷　　　　）本　（➡ 📖 p.187［付録5］）

● Y軸についての検討

	N/bD	M_Y/bD^2	p_t (引張鉄筋比)
長　期	N/mm²	N/mm² ⇨	％
短期（$N=570$kN）	N/mm²	N/mm² ⇨	％
短期（$N=330$kN）	N/mm²	N/mm² ⇨	％

引張鉄筋の断面積 $a_t = \dfrac{p_t}{100} \cdot b \cdot D =$（❶　　　　　　　）mm² ⇒ D22 を（❷　　　　）本　（➡ 📖 p.187［付録5］）

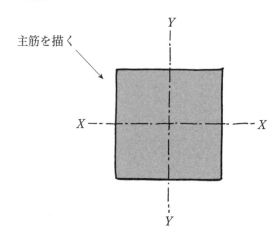

主筋を描く

【柱断面に対する主筋量の検討】

柱全主筋の鉄筋比 p_g は（❶　　　　　　　）％以上なくてはなりません。

柱全主筋の鉄筋比 p_g の検討を行ってください。

(計算式) ❷

$p_g =$ ❸　　　　　　　　％　（❹　OK　・　NG　）

問題2 **問題1** (p.46) の内容を考察してみよう。

（　）内に適切な語句を記入あるいは選択し、[　] 内には適切な数値を記入しなさい。

(→ TEXT p.94 〜 95)

(1) 短期荷重に対して生じる力にどうして圧縮力 N が 2 つ（570kN、330kN）あったか？

> **短期荷重時 ＝ 長期荷重時（日常の鉛直荷重）＋ 地震荷重**

下図のラーメンの鉛直反力（柱軸方向力）をもとに、短期荷重時の柱軸圧縮力の状況を考察しよう。

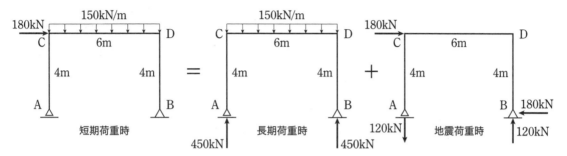

短期荷重時の柱圧縮力（鉛直反力）は

長期荷重時 [❶　　　　] kN ± 地震荷重時 [❷　　　　] kN ＝ 最大 [❸　　　　] kN

最小 [❹　　　　] kN　となる。

(2) 圧縮力が小さい方で主筋量（引張鉄筋量）が決まったのはなぜか？

圧縮力が小さくなると、引張鉄筋に生じる引張力が（❺どちらかを選択　大きく・小さく　）なる。

⇒　したがって、引張鉄筋量は多く必要となる。

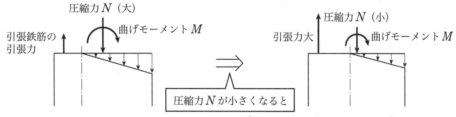

(3) **付着割裂破壊**について

○付着割裂破壊が生じやすくなる条件

> ①隅角部に （❻　　　　　） の鉄筋を配置する。
>
> ②鉄筋を （❼　　　　　） 並べる。

(4) 座屈に関する規定

> 柱の小径 a ／主要支点間距離 l ≧ [❽　　　　　]

右図の柱について検討してみよう。

(検討式)

（　OK　・　NG　）

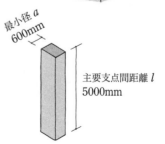

問題3 次の短期応力（X軸）に対する ⬭ 部分の柱配筋についての安全性を検討しなさい。

ただし、鉄筋：SD345　D19　　コンクリートの設計基準強度$F_c = 24\text{N/mm}^2$

$$\begin{cases} N = 735\text{kN（短期）または}\quad 441\text{kN（短期）} \\ M_X = 186\text{kN·m（短期）} \end{cases}$$

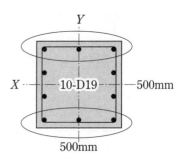

（計算式）

ⅰ）$N = 735\text{kN}$ の場合

$\underline{\quad p_t = \qquad\qquad\qquad\qquad}\ \%$

ⅱ）$N = 441\text{kN}$ の場合

$\underline{\quad p_t = \qquad\qquad\qquad\qquad}\ \%$

○引張鉄筋比 p_t の決定

　　$\underline{\quad p_t = (\qquad\qquad\qquad)\ }$ ％とする。

　引張鉄筋の断面積 a_t の算定から D19 での本数を定める。

（計算式）

$\underline{\quad a_t = \qquad\qquad\qquad\qquad}\ \text{mm}^2$

　　　　$\underline{\text{D19（}\qquad\text{）本－（}\qquad\qquad\text{）mm}^2\ \Rightarrow\ (\ \text{OK}\ \cdot\ \text{NG}\ )}$

　全主筋の鉄筋比 p_g を検討しなさい。

（計算式）

$\underline{\quad p_g = \qquad\qquad\qquad\qquad}\ \%$

　　　　$\underline{\text{柱全主筋量は（}\qquad\qquad\text{）％以上必要だから　（　OK　・　NG　）}}$

例題1 次の柱の帯筋比 p_w を検討しなさい。

（→ 📖 p.98〜99 例題3・6）

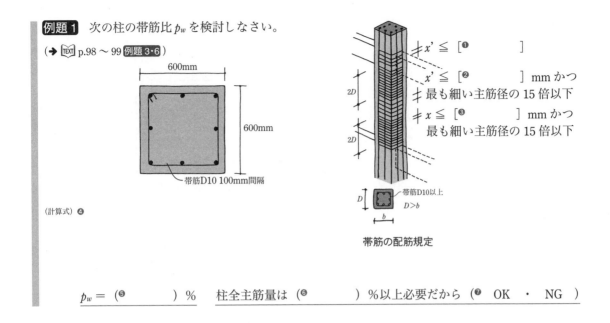

600mm

600mm

帯筋D10 100mm間隔

(計算式) ❹

$x' ≦$ [❶　　　　　]

$x' ≦$ [❷　　　　　] mm かつ
最も細い主筋径の15倍以下

$x ≦$ [❸　　　　　] mm かつ
最も細い主筋径の15倍以下

帯筋D10以上
$D > b$

帯筋の配筋規定

$p_w = （$❺　　　　　$）$ % 　柱全主筋量は（❻　　　　　）% 以上必要だから（❼ OK ・ NG ）

問題4 図のように配筋された柱の全主筋比 p_g 及びせん断補強筋比 p_w を求めなさい。

ただし、p_w は図に示す地震力の方向に対して計算してください。

(計算式)

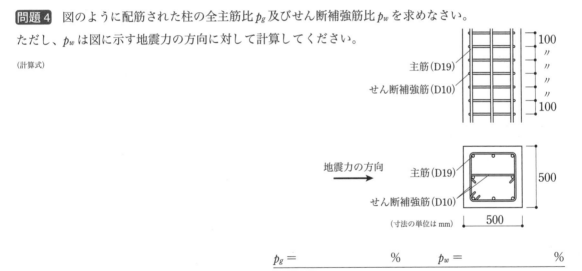

主筋(D19)
せん断補強筋(D10)

100
〃
〃
〃
〃
100

地震力の方向

主筋(D19)

せん断補強筋(D10)

（寸法の単位は mm）

500

500

$p_g =$ 　　　　　　% 　　$p_w =$ 　　　　　　%

問題5 次の文章で、正しいものには○、誤っているものには×を付けなさい。

(1) （　）柱の帯筋は、せん断力に対する補強とともに、間隔を密にして入れたり、副帯筋を併用したりすること等によって、主筋で囲まれた内部のコンクリート部分を拘束し、大地震時の軸力保持にも効果がある。

(2) （　）柱の帯筋は、せん断補強、内部のコンクリートの拘束及び主筋の座屈防止に有効である。

(3) （　）帯筋・あばら筋は、せん断ひび割れの発生を抑制するものではないが、ひび割れの伸展を防止し、部材のせん断終局強度を増大させる効果がある。

(4) （　）帯筋・あばら筋は、せん断ひび割れの発生を抑制することを主な目的として設ける。

(5) （　）柱のコンクリート全断面積に対する主筋全断面積の割合を0.4%以上とした。

(6) （　）600mm角の柱に、D13の帯筋を100mm間隔で配筋した。

問題1 次の（　　）内に適切な語句・文字式を、［　］内の適切な数値を記入しなさい。

【床スラブ厚の算定】（→ 📖 p.101）

床スラブの厚さ t（mm）は最低［❶　　　　　］
mm 以上必要です。

かぶり厚、配筋などを考慮すると床スラブの厚
さは［❷　　　　　］mm 程度必要です。

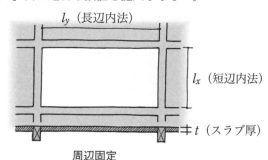

l_y（長辺内法）

l_x（短辺内法）

t（スラブ厚）

周辺固定

床スラブ厚の算定式

$$t\ \text{(mm)} = \left(\,❸\qquad\qquad\qquad\qquad\qquad\qquad\right) \quad\cdots\cdots\cdots\cdots\text{式 A}$$

片持ちの場合　$t\ \text{(mm)} = \left(\,❹\qquad\qquad\qquad\right)$

$\lambda = \left(\,❺\qquad\qquad\qquad\right)$

l_x：（❻　　　　　）方向の有効スパン（mm）

l_y：（❼　　　　　）方向の有効スパン（mm）

w_p：（❽　　　　　）荷重と（❾　　　　　）荷重との和（kN/m²）

【鉄筋量の算定】（→ 📖 p.102 〜 103）

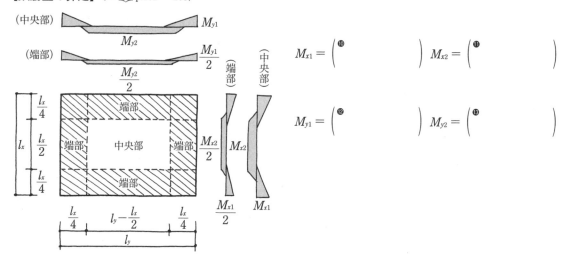

（中央部）　M_{y1}

M_{y2}

（端部）　$\dfrac{M_{y1}}{2}$

$\dfrac{M_{y2}}{2}$

（端部）　（中央部）

$\dfrac{l_x}{4}$

$\dfrac{l_x}{2}$　端部

l_x　端部　中央部　端部　$\dfrac{M_{x2}}{2}$　M_{x2}

$\dfrac{l_x}{4}$　端部

$\dfrac{M_{x1}}{2}$　M_{x1}

$\dfrac{l_x}{4}$　$l_y - \dfrac{l_x}{2}$　$\dfrac{l_x}{4}$

l_y

$M_{x1} = \left(\,❿\qquad\qquad\right)$　$M_{x2} = \left(\,⓫\qquad\qquad\right)$

$M_{y1} = \left(\,⓬\qquad\qquad\right)$　$M_{y2} = \left(\,⓭\qquad\qquad\right)$

（⓮　　　　　）方向の曲げモーメント ＞（⓯　　　　　）方向の曲げモーメント

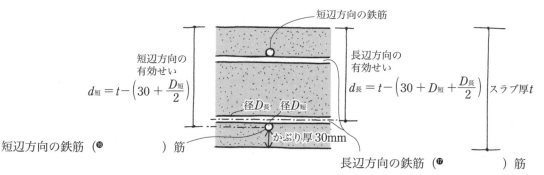

短辺方向の鉄筋

短辺方向の
有効せい

$$d_{短} = t - \left(30 + \dfrac{D_{短}}{2}\right)$$

長辺方向の
有効せい

$$d_{長} = t - \left(30 + D_{短} + \dfrac{D_{長}}{2}\right)$$　スラブ厚 t

径 $D_{長}$・径 $D_{短}$

かぶり厚 30mm

短辺方向の鉄筋（⓰　　　　　）筋

長辺方向の鉄筋（⓱　　　　　）筋

例題 1 図の床スラブの設計をしなさい。ただし、積載荷重と仕上荷重の合計を3.0kN/m²とする。鉄筋はSD295A（長期許容引張応力度 $f_t = 195\text{N/mm}^2$）を使用します。（→ TEXT p.104 ～ 106 例題 3·7）

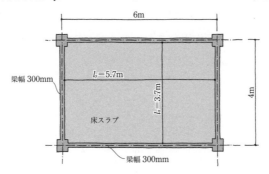

【解答】

手順1 周辺固定の図（p.50）の規定にしたがってスラブ厚を算定します。

短辺方向の有効スパン $l_x = 4.0 - 0.3 = 3.7\text{m} = 3700\text{mm}$

長辺方向の有効スパン $l_y = 6.0 - 0.3 = 5.7\text{m} = 5700\text{mm}$

$$\lambda = \frac{l_y}{l_x} = \left(\begin{array}{c}\text{❶計算式}\\\\\end{array}\right) = (\text{❷}\qquad)$$

問題1 （p.50）の式 A より

$$スラブ厚 t = \left(\begin{array}{c}\text{❸計算式}\\\\\end{array}\right) = (\text{❹}\qquad)\text{mm}$$

かつ80mm以上であるから、スラブ厚 $t = (\text{❺}\qquad)$ mm と算定できます。

配筋、かぶり厚さなどを考慮し150mmとします。

手順2 曲げモーメント値を算定します。

単位面積あたりのスラブ計算用荷重 w（積載荷重＋仕上げ荷重＋床スラブの自重）を算定します。

$$w = \left(\begin{array}{c}\text{❻計算式}\\\\\end{array}\right) = (\text{❼}\qquad)\text{kN/m}^2$$

$$w_x = \frac{l_y{}^4}{l_x{}^4 + l_y{}^4} \times w = \frac{5.7^4}{3.7^4 + 5.7^4} \times 6.6\text{kN/m}^2 = (\text{❽}\qquad)\text{kN/m}^2$$

[短辺方向の曲げモーメント]

$$M_{x1} = \frac{1}{12}w_x \cdot l_x{}^2 = \frac{1}{12} \times 5.6\text{kN/m}^2 \times (3.7\text{m})^2 = (\text{❾}\qquad)\text{kN·m}$$

$$M_{x2} = \frac{1}{18}w_x \cdot l_x{}^2 = \frac{1}{18} \times 5.6\text{kN/m}^2 \times (3.7\text{m})^2 = (\text{❿}\qquad)\text{kN·m}$$

[長辺方向の曲げモーメント]

$$M_{y1} = \frac{1}{24}w \cdot l_x{}^2 = \frac{1}{24} \times 6.6\text{kN/m}^2 \times (3.7\text{m})^2 = (⓫\qquad)\text{kN·m}$$

$$M_{y2} = \frac{1}{36}w \cdot l_x{}^2 = \frac{1}{36} \times 6.6\text{kN/m}^2 \times (3.7\text{m})^2 = (⓬\qquad)\text{kN·m}$$

【構造力学　不静定梁】

問題2　次の交差梁（交差部に集中荷重 P がかかっている）を床スラブに見立てて、床スラブ長辺（長さ $2l$）・短辺（長さ l）に力や曲げモーメントがどのような分配されるのかを考察してみよう。

(1) A 材と B 材の交点に集中荷重 P が作用したときの A 材、B 材の支点反力 R_A、R_B の比を求めなさい。
　　ただし、A 材と B 材は等質等断面（EI は等しい）とする。

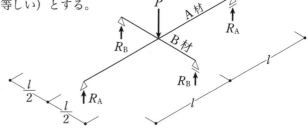

【ヒント】

単純梁中央でのたわみ式

$$\delta = \frac{P l^3}{48 EI}$$

① A 材、B 材が負担する集中荷重をそれぞれ P_A、P_B とする。梁中央でのたわみ δ_A、δ_B は等しいこと（$\delta_A = \delta_B$）より $P_A : P_B$ の比を求める。

(計算式)

$$P_A : P_B = \underline{\qquad : \qquad}$$

② $R_A = P_A / 2$、$R_B = P_B / 2$ であることより $R_A : R_B$ を求める。

(計算式)

$$R_A : R_B = \underline{\qquad : \qquad}$$

(2) A 材、B 材の最大曲げモーメント（梁中央）の比（$M_A : M_B$）を求めなさい。

(計算式)

$$M_A : M_B = \underline{\qquad : \qquad}$$

(3) 以上の計算結果から、次の文章中（　）内の適切な語句に○を付けて文章をまとめなさい。

　「変形量が等しければ、（❶　長辺・短辺　）方向に多くの力が伝わり、曲げモーメントも大きくなることがわかる。これは同一断面の部材であれば、部材は短いほど変形（❷　しにくく・しやすく　）なり、変形させるのに多くの力が必要となるからである。」

問題3　図の大きさをもつスラブ（周辺固定）について次の問いに答えなさい。

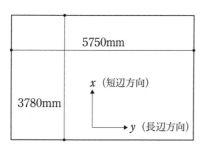

(1)スラブ厚 t を算定しなさい。

　　ただし、積載荷重と仕上げ荷重の合計 $w_p = 4.2 \text{kN/m}^2$ とする。

$$l_x = (\qquad\qquad) \text{ mm} \qquad l_y = (\qquad\qquad) \text{ mm}$$

(計算式)

$$t = \underline{\qquad\qquad} \text{ mm}$$

(2) 両端および中央の曲げモーメントを x、y 両方向について求め、曲げモーメント図に中央および端部における値を記入しなさい。

鉄筋コンクリートの単位体積重量 ＝ （　　　　　） kN/m³

単位面積あたりのスラブ計算用荷重 w ＝ ^{計算式}（　　　　　　　　　　　　　　） ＝ （　　　　　） kN/m²

$w_x = \dfrac{l_y^4}{l_x^4 + l_y^4} \times w =$ ^{計算式}（　　　　　　　　　　　　　） ＝ （　　　　　） kN/m²

M_x （両端） ＝ $\dfrac{1}{12} w_x \cdot l_x^2$ ＝ （　　　　　） kN·m　　　　M_x （中央） ＝ $\dfrac{1}{18} w_x \cdot l_x^2$ ＝ （　　　　　） kN·m

M_y （両端） ＝ $\dfrac{1}{24} w \cdot l_x^2$ ＝ （　　　　　） kN·m　　　　M_y （中央） ＝ $\dfrac{1}{36} w \cdot l_x^2$ ＝ （　　　　　） kN·m

数値を書き込む ⇒

x 方向曲げモーメント図　　　　　　　　　　y 方向曲げモーメント図
（短辺方向）　　　　　　　　　　　　　　　（長辺方向）

問題4　スラブ配筋に関する次の記述の中の（　）内に適切な語句を、［　］内に適切な数値を書きなさい。

（→ 📖 p.105～106）

(1) スラブ筋はD［❶　　　］を主として使い、D［❷　　　］を混用する方が良いとされている。

(2) スラブに生じる曲げモーメントの大小関係は（❸　　　　）方向 ＞ （❹　　　　）方向　である。したがって、短辺方向の鉄筋はスラブの（❺　　　　）側に配し、長辺方向の鉄筋はスラブの（❻　　　）側に配する。短辺方向の鉄筋は（❼　　　　）筋と呼ばれ、長辺方向の鉄筋は（❽　　　　）筋と呼ばれる。

(3) 短辺方向の引張鉄筋の間隔は［❾　　　］mm 以下、長辺方向の引張鉄筋は［❿　　　］mm 以下かつスラブ厚の3倍以下としなくてはならない。

(4) $\dfrac{（⓫　　　　　　　　　　　）}{\text{コンクリート全面積}} \times 100\% \geq$ ［⓬　　　　］ ％　でなくてはならない。

問題5　図のスラブ断面について 問題4 (4)の内容を検討しなさい。

（計算式）

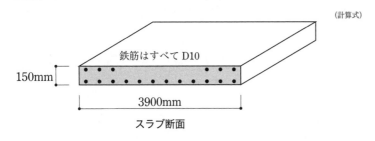

鉄筋はすべてD10

150mm

3900mm

スラブ断面

（ OK　・　NG ）

問題1 地盤にはその形成年代によって3種類に分けられる。それら3つの名称を新しい順番に書きなさい。また、一番軟弱な地盤はどれかを答えなさい。（→ TEXT p.107）

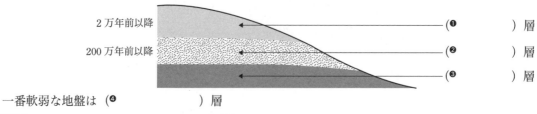

2万年前以降　　　←（❶　　　　　　　）層

200万年前以降　　←（❷　　　　　　　）層

　　　　　　　　　←（❸　　　　　　　）層

一番軟弱な地盤は（❹　　　　　　　　　）層

問題2 土の粒径の順番に並べなさい。（→ TEXT p.107）

粗い（❶　　　　）⟹（❷　　　　）⟹（❸　　　　）⟹（❹　　　　）細かい

粗粒分　　　　　　　　　　　　　　　　細粒分

問題3 次の地盤の特徴を、語句を選びながら（適切な語句を○で囲む）または語句を記入してまとめなさい。（→ TEXT p.107～109）

砂質地盤

地盤の地耐力は（❶　内部摩擦角・粘着力　）によって決まる。

代表的な現象は（❷　圧密沈下・液状化現象　）であり、次のような条件で起こりやすい。

・水で飽和した（❸　砂質土・粘性土　）地盤で起こる。

・粒径が（❹　均一・不均一　）で（❺　細粒分・粗粒分　）の少ない（❻　堅固な・軟弱な　）地盤。

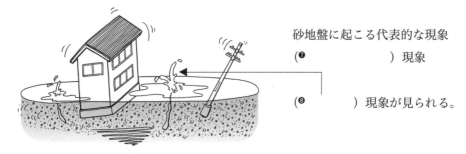

砂地盤に起こる代表的な現象

（❼　　　　　　　　　）現象

（❽　　　　　　　　　）現象が見られる。

粘性土地盤

地盤の地耐力は（❾　内部摩擦角・粘着力　）によって決まる。

代表的な現象は（❿　圧密沈下・即時沈下　）であり、次のような特徴をもつ。

・建物の重量などにより、粘土層の（⓫　空気・水　）が押し出され沈下する現象。

・沈下には（⓬　短時間・長時間　）を要する。

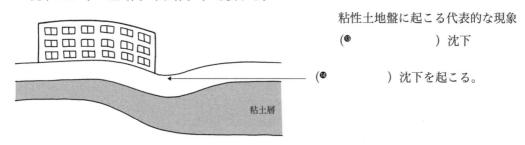

粘性土地盤に起こる代表的な現象

（⓭　　　　　　　　　）沈下

（⓮　　　　　　　　　）沈下を起こる。

粘土層

問題4 地盤の液状化の判定に関する下記の文中（　）内の適切な語句を選びなさい。

「液状化の判定を行う必要がある飽和砂質土層は、

地表面から20m程度より（❶　浅いところ・深いところ　）の（❷　沖積層・洪積層　）であり、

考慮すべき土の種類は、細粒分含有率が35%（❸　以下・以上　）の土である。」

問題5 地盤の支持力が大きくなる要因について、（　）内に適切な語句に〇を付けなさい。（➔ TEXT p.109）

砂質地盤：内部摩擦角が（❶　大きい・小さい　）。

粘性土地盤：粘着力が（❷　大きい・小さい　）。

土の単位体積重量が（❸　大きい・小さい　）。

建築物の根入れ深さが（❹　浅い・深い　）。

基礎の幅が（❺　大きい・小さい　）。

地下水位が（❻　高い・低い　）。

問題6 建物の基礎にはフーチングを用いた3種類とその他1種類の形式があります。

（➔ TEXT p.110〜111）

（　）内に適切な名称を記入しなさい。

軟弱地盤用　　　　　　　　　　　　　　　　　　　　　　　　　　　　　硬質地盤用

（❶　　　　　）基礎 ⟹ （❷　　　　　）基礎 ⟹ （❸　　　　　）基礎 ⟹ （❹　　　　　）基礎

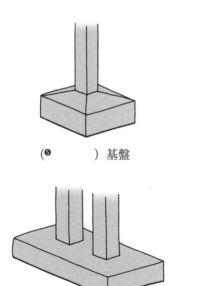

（❺　　　　　）基盤

（❻　　　　　）基盤

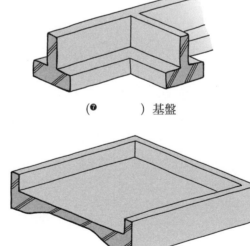

（❼　　　　　）基盤

（❽　　　　　）基盤

例題1 図 (a) のような独立基礎一辺の長さ l（正方形とする）を算定しなさい。

ただし、柱から伝わる建築物の重さ $N' = 750\text{kN}$

地盤面から基礎底面までの深さを 1.5m

地盤の許容応力度 $f_e = 100\text{kN/m}^2$

とする。

(→ TEXT p.111 ～ 112 例題 3・8)

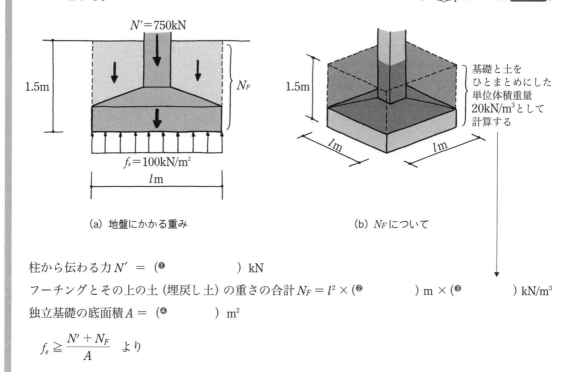

（a）地盤にかかる重み   （b）N_F について

柱から伝わる力 $N' = $（❶   ） kN

フーチングとその上の土（埋戻し土）の重さの合計 $N_F = l^2 \times$（❷   ） m $\times$（❸   ） kN/m^3

独立基礎の底面積 $A = $（❹   ） m^2

$$f_e \geqq \frac{N' + N_F}{A} \quad \text{より}$$

(計算式) ❺

一辺の長さ $l = $（❻   ） m   （小数点以下 1 位まで）

問題7 柱からの圧縮力 $N' = 800\text{kN}$、地盤面から基礎底面までの深さ 1.2m のとき、独立フーチング基礎の底面一辺の長さ l m はいくらにすればよいか。ただし、底面は正方形とする。

地盤の長期許容応力度 $f_e = 200\text{kN/m}^2$

(計算式)

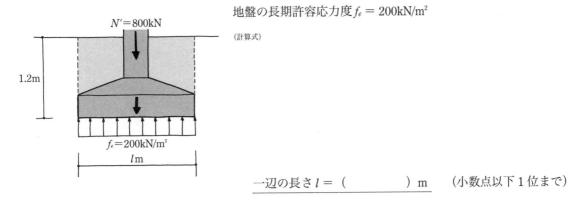

一辺の長さ l ＝ （　　　　　　　　） m　　（小数点以下 1 位まで）

問題8 次の文章で、正しいものに○、誤っているものに×を付けなさい。

沖積層・洪積層

(1)（　　）沖積層は、支持地盤として安定している洪積層に比べて、支持力不足や地盤沈下が生じやすい。

(2)（　　）独立基礎は、布基礎やベタ基礎に比べて、不同沈下の抑制に有効である。

圧密沈下

(3)（　　）載荷と同時に短時間に生じる基礎の沈下を、「圧密沈下」という。

(4)（　　）圧密沈下は、排水性の低い粘性土が、荷重の作用により、長い時間かけて排水しながら体積を減少させる現象である。

(5)（　　）圧密沈下は、砂質土が、荷重の作用によって、長い時間をかけて排水しながら体積を減少させる現象である。

液状化現象

(6)（　　）地下水が豊富に存在する場合、粘土主体の地層であっても、砂質土層と同程度に液状化が生じやすい。

(7)（　　）地下水位が高く、かつ、緩く堆積した砂質地盤は、地震時に液状化しやすい。

(8)（　　）液状化は、水で飽和した粘土が、振動・衝撃等による間隙水圧の上昇によってせん断抵抗を失う現象である。

(9)（　　）液状化現象は、砂質土等において、地震動の作用により土中に発生する過剰間隙水圧が初期有効応力と等しくなることによって、せん断抵抗力が失われる現象である。

土の粒径

(10)（　　）土の粒径の大小関係は、砂＞シルト＞粘土である。

地盤の許容応力度

(11)（　　）一般の地盤において、地盤の長期許容応力度の大小関係は、岩盤＞密実な砂質地盤＞粘土質地盤である。

(12)（　　）一般に地盤において、堅い粘土質地盤は、密実な砂質地盤に比べて、許容応力度が大きい。

問題1 図1のラーメン架構について、配筋してみよう。図2には (a) 鉛直荷重時および (b) 地震力による曲げモーメント図と柱に生じる軸方向力 N を示している。コンクリート：設計基準強度 $F_c = 24\text{N/mm}^2$ 鉄筋：SD345 D19 を使用する。なお、柱については Y 軸に関する配筋は決定しており、X 軸に関する検討のみ行う。

(1) 梁：主筋量の算定

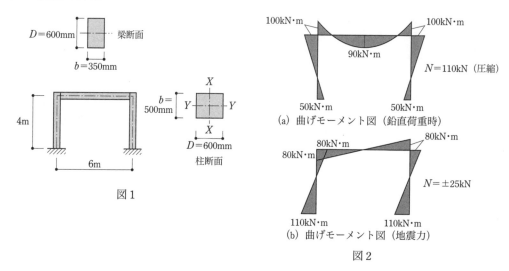

$D=600\text{mm}$ ──梁断面

$b=350\text{mm}$

4m

6m

$b=500\text{mm}$

$D=600\text{mm}$ 柱断面

図1

100kN·m　　　100kN·m

90kN·m

$N=110\text{kN}$（圧縮）

50kN·m　　　50kN·m

(a) 曲げモーメント図（鉛直荷重時）

80kN·m　　　80kN·m

80kN·m

$N=\pm25\text{kN}$

110kN·m　　　110kN·m

(b) 曲げモーメント図（地震力）

図2

【梁端部について】

梁の曲げモーメント図より、梁端部の曲げモーメントの値を読み取る。

M（長期）＝（　　　　　　）kN·m

M（短期）＝ （計算式　　　　　　　　　　　　　　　　　）＝（　　　　　）kN·m

梁の寸法を確認する。

梁幅 b ＝（　　　　）mm　　　梁せい D ＝（　　　　　）mm

有効せい d ＝ （計算式　　　　　　　　　　　　）＝（　　　　）mm

曲げ応力度に関連する数値 C を求め、[付録7 (A)(B)] より引張鉄筋比 p_t を読み取る。

（長期について）

$C=\left(\begin{array}{c}\text{計算式}\\\end{array}\right)=($　　　　$)\text{N/mm}^2 \quad \Rightarrow \quad p_t=($　　　$)\%$

（短期について）

$C=\left(\begin{array}{c}\text{計算式}\\\end{array}\right)=($　　　　$)\text{N/mm}^2 \quad \Rightarrow \quad p_t=($　　　$)\%$

したがって、$p_t=($　　　$)\%$ とする。（大きい方を選ぶ）

引張鉄筋比 p_t より引張鉄筋の必要断面積 a_t を求める。

$$a_t = \left(^{\text{計算式}} \right) = (\qquad) \ \text{mm}^2$$

複筋比 $\gamma = 0.6$ として、圧縮鉄筋の断面積 a_c を求める。

$$a_c = (^{\text{計算式}}) = (\qquad) \ \text{mm}^2$$

📖 p.187 の ［付録 5］ より、D19 で本数を決める。

引張鉄筋（上端筋）　D19 （　　　　）本（　　　　　　）mm²

圧縮鉄筋（下端筋）　D19 （　　　　）本（　　　　　　）mm²

梁断面図に主筋を描いてみよう。

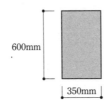

600mm

350mm

【梁中央について】

梁の曲げモーメント図より、梁中央の曲げモーメントの値を読み取る。

M（長期）＝（　　　　　　）kN・m

Ｔ形梁となるため、釣り合い鉄筋比以下と考え、許容曲げモーメント算定式を使って引張鉄筋の必要断面積 a_t を決める。（→ 📖 p.81 式 3-13）

$$a_t \geqq \left(^{\text{計算式}} \right) = (\qquad) \ \text{mm}^2$$

複筋比 $\gamma = 0.5$ として圧縮鉄筋の断面積 a_c を求める。

$$a_c = (^{\text{計算式}}) = (\qquad) \ \text{mm}^2$$

📖 p.187 の ［付録 5］ より、D19 で本数を決める。

圧縮鉄筋（上端筋）　D19 （　　　　）本（　　　　　　）mm²

引張鉄筋（下端筋）　D19 （　　　　）本（　　　　　　）mm²

梁断面図に主筋を描いてみよう。

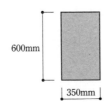

600mm

350mm

⑵ 柱：主筋量の算定

【X軸について】

圧縮力 N を読み取る。曲げモーメント図より、柱の最大曲げモーメントの値を読み取る。

圧縮力 N（長期）＝（　　　　　）kN　　　　曲げモーメント M_X（長期）＝（　　　　　）kN・m

圧縮力 N（短期）＝ $^{(計算式}$　　　　　　　　）＝（　　　　）kN（大きい場合）

圧縮力 N（短期）＝ $^{(計算式}$　　　　　　　　）＝（　　　　）kN（小さい場合）

曲げモーメント M_X（短期）＝ $^{(計算式}$　　　　　　　　　）＝（　　　　）kN・m

X 軸に関する柱の寸法を確認する。

柱幅 b ＝（　　　　　）mm　　　　柱せい D ＝（　　　　　）mm

①長期、②短期（N が大きい場合）、③短期（N が小さい場合それぞれについて N/bD、M/bD^2 を求める。

①長期

$$\frac{N}{b \cdot D} = \left(^{計算式} \right) = (\qquad) \text{ N/mm}^2$$

$$\frac{M_X}{b \cdot D^2} = \left(^{計算式} \right) = (\qquad) \text{ N/mm}^2$$

②短期（N が大きい場合）

$$\frac{N}{b \cdot D} = \left(^{計算式} \right) = (\qquad) \text{ N/mm}^2$$

$$\frac{M_X}{b \cdot D^2} = \left(^{計算式} \right) = (\qquad) \text{ N/mm}^2$$

③短期（N が小さい場合）

$$\frac{N}{b \cdot D} = \left(^{計算式} \right) = (\qquad) \text{ N/mm}^2$$

$$\frac{M_X}{b \cdot D^2} = \left(^{計算式} \right) = (\qquad) \text{ N/mm}^2$$

①②③それぞれの場合について、📖 p.190 ～ 191 の［付録 8（A）（B）］より引張鉄筋比 p_t を読み取る。

①長期　　　　　　　　⇒　p_t ＝（　　　　　）％

②短期（N が大きい場合）⇒　p_t ＝（　　　　　）％

③短期（N が小さい場合）⇒　p_t ＝（　　　　　）％

したがって、p_t ＝（　　　　　）％（最大値）とする。

引張鉄筋比 p_t より引張鉄筋の必要断面積 a_t を求める。

$$a_t = \left(^{計算式} \right) = (\qquad) \text{ mm}^2$$

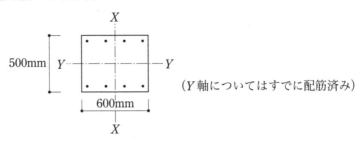

📖 p.187 の［付録5］より、D19 で本数を決める。

D19 （　　　）本（　　　　　）mm²

柱断面図に X 軸について主筋を描いてみよう。

$$X$$

500mm Y ┈┈ Y　　　（Y 軸についてはすでに配筋済み）

600mm

$$X$$

柱の全主筋の鉄筋比 p_g を検討しなさい。

$$p_g = \left(^{計算式} \qquad\qquad\qquad\qquad\qquad \right) = (\qquad\quad)\,\%$$

p_g は （　　　　　）％以上必要だから　　　<u>OK　・　NG</u>

(3) 梁：あばら筋の検討

あばら筋 D10 を 200mm 間隔で入れました。あばら筋比 p_w の規定を満たしているか検討しなさい。

$$p_w = \left(^{計算式} \qquad\qquad\qquad\qquad\qquad \right) = (\qquad\quad)\,\%$$

p_w は （　　　　　）％以上必要だから　　　<u>OK　・　NG</u>

(4) 柱：帯筋の検討

帯筋 D10 を 100mm 間隔で入れました。帯筋比 p_w の規定を満たしているか検討しなさい。

（b ＝ 600mm として検討しなさい。）

$$p_w = \left(^{計算式} \qquad\qquad\qquad\qquad\qquad \right) = (\qquad\quad)\,\%$$

p_w は （　　　　　）％以上必要だから　　　<u>OK　・　NG</u>

問題2　柱からに圧縮力 $N' = 660$kN、地盤面から基礎底面までの深さ 1.2m のとき、独立フーチング基礎の底面一辺の長さ l はいくらにすればよいか。ただし、底面は正方形とする。

地盤は「密実な砂質土」である。　⇒　長期許容応力度 f_e ＝ （　　　　　）kN/m²

（➡ 📖 p.110 表3・8）

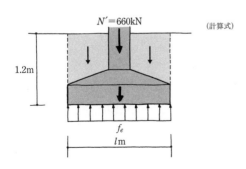

（計算式）

<u>l ＝ （　　　　　）m</u>　（小数点以下1位まで）

問題1 鋼材に関して応力度－ひずみ度曲線中（　）内に適切な語句を、［　］内に適切な数値を記入しなさい。（➡ 📖 p.115）

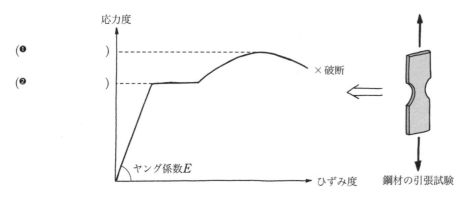

鋼材は（❸　　　　　　）が高く、（❹　　　　　　）に富む材料です。

降伏しても粘り強く（❺　　　　　　）し続けるのです。

やがて最高点（❻　　　　　　）に達したのち破断します。

鋼材の靭性を評価する数値のひとつに（❼　　　　　　）があり、次式で求めます。

$$降伏比＝\frac{(❽　　　　　　　　)}{(❾　　　　　　　　)}$$

降伏比が（❿どちらか選択　大きい・小さい　）ほど靭性（塑性変形能力）が高い鋼材といえるのです。

図中初期勾配は（⓫　　　　　　）Eを表します。鋼材のヤング係数Eは［⓬　　　　　　　　　　］N/mm²（➡ 📖 p.73）であり、強度によらず（⓭　　　　　　）です。

例題1 次の鋼材の降伏比を求めよ。（➡ 📖 p.115 **例題4・1**）

(1)降伏応力度 235N/mm²、引張強さ 400N/mm² の鋼材

(2)降伏応力度 325N/mm²、引張強さ 490N/mm² の鋼材

(計算式) ❶

(1) 降伏比＝❷　　　　　　　　　　(2) 降伏比＝❸

問題2 鋼材の長所・短所をまとめよう。（　）内に適切な語句を記入しなさい。 (→ 📖 p.116)

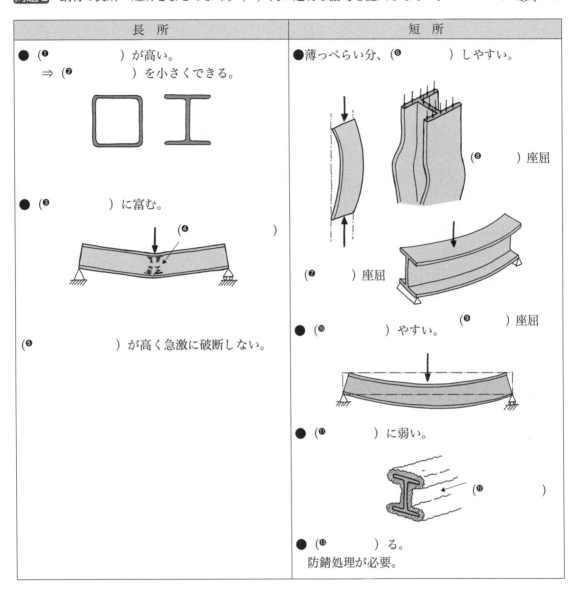

長　　所	短　　所
● （❶　　　　　） が高い。 　⇒ （❷　　　　　） を小さくできる。 ● （❸　　　　　） に富む。 　　　　　　　　　　（❹　　　　　　） （❺　　　　　） が高く急激に破断しない。	●薄っぺらい分、（❻　　　　　） しやすい。 （❽　　　　　） 座屈 （❼　　　　　） 座屈 （❾　　　　　） 座屈 ● （❿　　　　　） やすい。 ● （⓫　　　　　） に弱い。 （⓬　　　　　） ● （⓭　　　　　） る。 防錆処理が必要。

問題3 鋼材の種類に関する次の表・文章中（　）内に適切な語句を、［　］内に適切な数値を記入しさい。(→ 📖 p.117)

種　　類	記　　号	引張強さの下限値	
（❶　　　　　）	SN400B	［❹　　　　　］	N/mm²
一般構造用圧延鋼材	（❸　　　　　）	490	N/mm²
（❷　　　　　）	SM540C	［❺　　　　　］	N/mm²

鋼材の呼称と鉄筋の呼称の違いについてまとめておこう。

　鋼材（例えば SN400B）の呼称に付いている数値は（❻　　　　　） の下限値を表している。

　異形鉄筋（例えば SD345）の呼称に付いている数値は（❼　　　　　） の下限値を表している。

問題4 建築構造用圧延鋼材（SN 材）に関する次の表・文章・図中（　）内に適切な語句を記入しなさい。（→ 📖 p.118）

SN 材には（❶　　　）種、（❷　　　）種、（❸　　　）種の3種類がある。

（❹　　　）種：小梁など二次部材に弾性範囲で使用する。（❺　　　）への配慮もされていない。

（❻　　　）種：（❼　　　　　　）と（❽　　　　　　）が確保されている。大梁、柱など主要部材に使用する。

（❾　　　）種：（❿　　　　　　）と（⓫　　　　　　）が確保されている。さらに（⓬　　　　　　）の引張力に対する性能も有している。通しダイアフラムなどに使用される。

以上の文章を次の表にまとめておこう。空欄に「あり・なし」どちらかを記入しなさい。

SN 材の種類	降伏点、降伏比の上限値の規定*1	溶接性	板厚方向の引張力に対する性能	シャルピー吸収エネルギーの規定*2
A		可		なし
B		良好		27 以上
C		良好		27 以上

＊1　降伏点、降伏比の上限値を規定して、塑性変形能力を確保している。

＊2　シャルピー吸収エネルギーが高いと粘りのない破壊（脆性破壊）をしにくくなる。ねばり強さ（靱性）を保証する規定です。

（　）内に部材名、種を記入

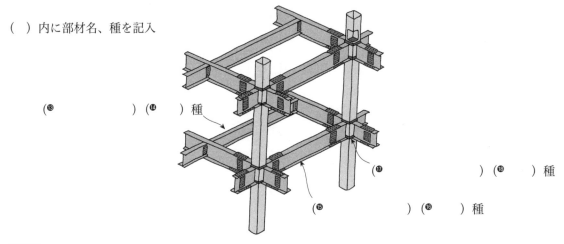

（⓭　　　　　　）（⓮　　　）種

（⓱　　　　　　　　）（⓲　　　）種

（⓯　　　　　　　　）（⓰　　　）種

問題5 断面形状と寸法表示について（　）内に名称を、寸法線上に適切な寸法（単位:mm）を記入しなさい。（→ 📖 p.119）

（　　　　　）　　　（　　　　　）　　　（　　　　　）　　　（　　　　　）

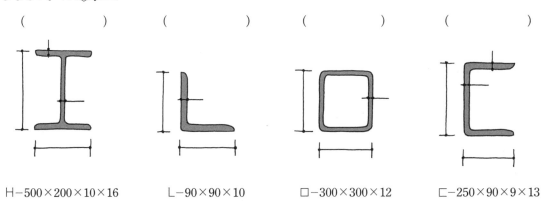

H−500×200×10×16　　　L−90×90×10　　　□−300×300×12　　　⊏−250×90×9×13

問題 6 鋼材の許容応力度に関する次の図中（　）内に適切な語句を記入しなさい。（→ 📖 p.119）

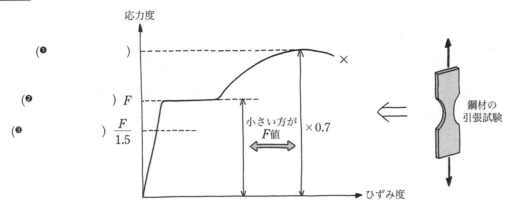

問題 7 次の文章で、正しいものには○、誤っているものには×を付けなさい。

鋼材の種類

⑴（　）建築構造用圧延鋼材は、SM 材と呼ばれ、JIS により建築物固有の要求性能を考慮して規格化された鋼材である。

⑵（　）SN 材は建築構造用圧延鋼材と呼ばれ、建築物固有の要求性能を考慮して規格化された鋼材である。

⑶（　）SN490C は、建築構造用圧延鋼材の一種

⑷（　）SM490B は、溶接構造用圧延鋼材の一種である。

⑸（　）SS400 は、一般構造用角形鋼管の一種である。

鋼材名称の数値

⑹（　）一般構造用圧延鋼材 SS400 の引張強さの下限値は、$400N/mm^2$ である。

⑺（　）溶接構造用圧延鋼材 SM490A の降伏点の下限値は、$490N/mm^2$ である。

⑻（　）日本工業規格（JIS）において、「建築構造用圧延鋼材 SN400」と「一般構造用圧延鋼材 SS400」のそれぞれの引張強さの下限値は同じである。

SN 材の種類

⑼（　）「建築構造用圧延鋼材 SN400」は、溶接接合を用いる部材の場合、A 種を用いる。

⑽（　）「建築構造用圧延鋼材 SN400」は、柱・大梁等に用いる場合、B 種を用いる。

⑾（　）「建築構造用圧延鋼材 SN400」は、通しダイアフラムに用いる場合、B 種を用いる。

鋼材のヤング係数

⑿（　）常温における鋼材のヤング係数は、すべての鋼種において $2.05 \times 10^5 N/mm^2$ 程度である。

⒀（　）常温における鋼材のヤング係数は、SS400 材より SM490 材のほうが大きい。

降伏比

⒁（　）降伏比は降伏点を引張強さで除した値である。

⒂（　）降伏点が $240N/mm^2$、引張強さが $400N/mm^2$ の場合、降伏比は 1.7 である。

⒃（　）降伏比が大きいほど、塑性変形能力が高い鋼材である。

【高力ボルト】（→ TEXT p.120〜122）

例題1 図の (a)、(b) に示す高力ボルト接合部の許容せん断力 (P_a、P_b) を求めなさい。ただし、高力ボルトは M20（F10T）を使用します。（→ TEXT p.122 例題4·2）

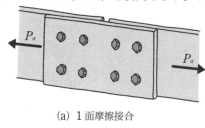

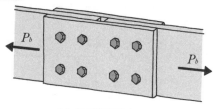

(a) 1面摩擦接合
高力ボルト 4 本使用

(b) 2面摩擦接合
高力ボルト 4 本使用

（計算式）❶

$P_a =$ ❷ _____ kN

$P_b =$ ❸ _____ kN

P_b は P_a の ［❹ ］倍である。

例題2 図の (a)、(b) どちらの許容せん断力 (P_a、P_b) の方が大きいか検討しなさい。ただし、高力ボルトは M24（F10T）と使用します。（→ TEXT p.122 例題4·3）

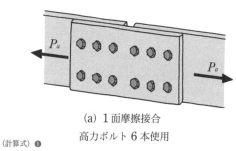

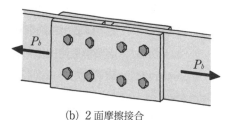

(a) 1面摩擦接合
高力ボルト 6 本使用

(b) 2面摩擦接合
高力ボルト 4 本使用

（計算式）❶

$P_a =$ ❷ _____ kN

$P_b =$ ❸ _____ kN

（どちらかに○❹ P_a ・ P_b ）の方が大きい。

【溶接接合】

問題1 図中の （ ） 内に適切な語句を記入しなさい。

（❶ ） 溶接（→ TEXT p.123〜125）

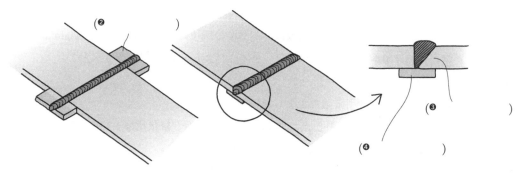

（❷ ）

（❸ ）

（❹ ）

(→ 📖 p.124)

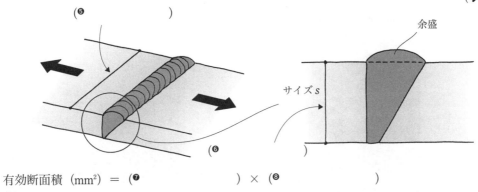

余盛

サイズ s

有効断面積（mm²）＝（**❼** ）×（**❽** ）

例題3 図のように完全溶け込み溶接を施しました。このときの長期荷重に対する許容引張力 P（溶接部が許容引張応力度に達するときの引張力）を求めなさい。ただし、溶接する鋼板は SN400B とします。

(→ 📖 p.125 **例題 4・4**)

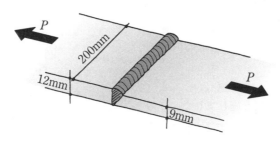

有効長さ l ＝（**❶** ）mm　　有効のど厚 a ＝（**❷** ）mm

有効断面積 A ＝（**❸** ）mm²

完全溶け込み溶接の長期許容引張応力度 f_t ＝（**❹** ）N/mm²　(→ 📖 p.192［付録 11］)

（計算式）**❺**

$P =$ **❻** 　　　　kN

問題2 下図のような完全溶け込み溶接の継ぎ手において、長期荷重に対する許容引張力 P を 800kN 以上にするためには溶接の全長（有効長さ）l を何 mm 以上にすればよいでしょうか。ただし、鋼材は SN400B を用いる。

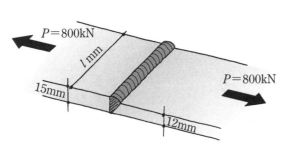

有効のど厚 a ＝（　　　　）mm

完全溶け込み溶接の長期許容引張応力度

f_t ＝（　　　　）N/mm²　(→ 📖 p.192［付録 11］)

（計算式）

$l \geqq$ _____ mm　（小数点以下切り上げ）

問題3 図中に有効のど厚を図示し、（　）内に適切な語句、［　］内に適切な数値を記入しなさい。

（❶　　　　　　　　　）溶接（→ 📖 p.125 ～ 126）

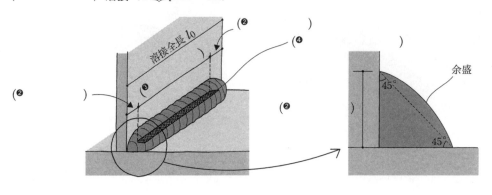

有効長さ l（mm）　　　= （❺　　　　　　　　）－［❻　　　　］×（❼　　　　　　　　）

有効のど厚 a（mm）= ［❽　　　　］×（❾　　　　　　　　）

有効断面積（mm²）　= （❿　　　　　　　　　）×（⓫　　　　　　　　）

例題4　図のように隅肉溶接を施しました。このときの長期荷重に対する許容引張力 P（溶接部が許容せん断応力度に達するときの引張力）を求めよ。ただし、溶接する鋼板は SN400B とします。

（→ 📖 p.126 例題 4・5）

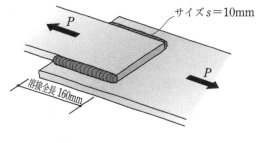

片面の有効長さ l = （❶計算式　　　　　　　　　　　）= （❷　　　　　　）mm

有効のど厚 a　　= （❸計算式　　　　　　　　　　　）= （❹　　　　　　）mm

有効断面積 A　　= （❺計算式　　　　　　　　　　　）= （❻　　　　　　）mm²

隅肉溶接の長期許容せん断応力度 f_s = （❼　　　　　　　）N/mm²（→ 📖 p.192 ［付録 11］）

（計算式）❽

$P = $❾　　　　　　　　　　　　　　　　　　kN

問題4 図のように両側面隅肉溶接を施した。このとき長期荷重に対する許容引張力 P を 500kN 以上にするためには、有効長さ l(mm) および溶接全長 l_0 を何 mm 以上にすればよいか。ただし、鋼材は SN400B を用いる。

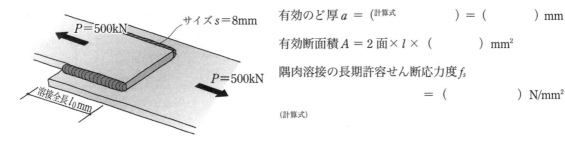

有効のど厚 $a =$ (計算式　　　　　) = (　　　　　) mm

有効断面積 $A = 2$ 面 $× l ×$ (　　　　　) mm²

隅肉溶接の長期許容せん断応力度 f_s

$= ($　　　　　$)$ N/mm²

(計算式)

有効長さ $l ≧$ _____ mm　（小数点以下切り上げ）　　溶接長さ $l_0 ≧$ _____ mm

問題5 次の文章で、正しいものには○、誤っているものには×を付けなさい。

高力ボルト接合

(1) (　　)　高力ボルト摩擦接合は、部材間の摩擦力で応力を伝達する機構であり、ボルト軸部と部材との間の支圧により応力の伝達を期待するものではない。

(2) (　　)　高力ボルトの摩擦接合において、2面摩擦の許容せん断力を、1面摩擦の許容せん断力の 2/3 倍とした。

(3) (　　)　F10T の高力ボルト摩擦接合において、2面摩擦接合2本締めの許容せん断耐力を、同一径の1面摩擦接合4本締めの場合と同じ値とした。

(4) (　　)　構造耐力上主要な部材の接合部に高力ボルト接合を用いる場合、高力ボルトは2本以上配置する。

溶接接合

(5) (　　)　エンドタブは、突合せ溶接の始端部・終端部における欠陥の発生を避けるために用いる。

(6) (　　)　完全溶け込み溶接の有効のど厚は、一般に、厚いほうの母材の厚さとする。

(7) (　　)　構造計算に用いる隅肉溶接の溶接部の有効断面積は、（溶接の有効長さ）×（隅肉サイズ）により算出する。

(8) (　　)　隅肉溶接の有効長さは、溶接の全長から隅肉サイズを減じて算出する。

(9) (　　)　隅肉溶接における溶接継目ののど断面に対する許容引張応力度は、完全溶け込み溶接による溶接継目の許容引張応力度の $1/\sqrt{3}$ として計算した。

(10) (　　)　溶接継目ののど断面に対する許容せん断応力度は、完全溶け込み溶接と隅肉溶接の値が等しい。

(11) (　　)　溶接継目ののど断面に対する短期許容引張応力度は、長期許容引張応力度の2倍である。

4·3 鉄骨構造｜引張材

例題1 図の (a)、(b) のように引張力を受ける部材の有効断面積 A_n を求めよ。ただし、ボルト孔径はすべて 20mm、板厚は 9mm です。（→ TEXT p.128 例題 4·6 ）

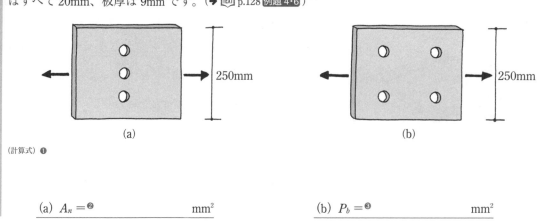

(a)

(b)

（計算式）❶

(a) $A_n =$ ❷　　　　　　　　　　mm^2　　　　　(b) $P_b =$ ❸　　　　　　　　　mm^2

問題1 図 (a)、(b) に示す引張材の断面欠損にともなう有効断面積を求めなさい。ただし、高力ボルト孔径は 25mm、板厚は 10 mm、材軸方向に直角な材幅は 400mm とする。

(a)

(b)

（計算式）

(a)　　　　　　　　　　　　　mm^2　　(b)　　　　　　　　　　　　mm^2

例題2 図のように引張力を受ける部材の有効断面積 A_n を求めよ。（→ TEXT p.130 例題 4·7 ）

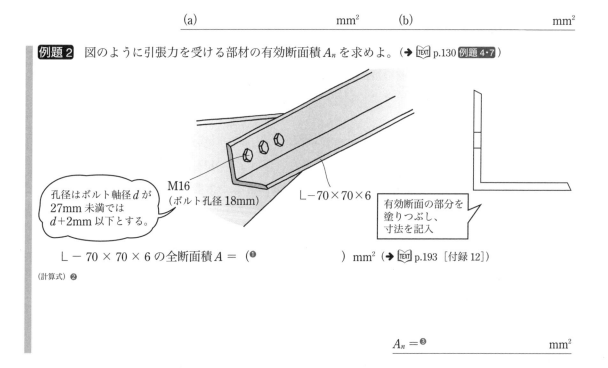

孔径はボルト軸径 d が 27mm 未満では $d+2$mm 以下とする。

M16
（ボルト孔径 18mm）

L－70×70×6

有効断面の部分を塗りつぶし、寸法を記入

L － 70 × 70 × 6 の全断面積 $A =$ （❶　　　　　　　　 ） mm^2（→ TEXT p.193 ［付録 12］）

（計算式）❷

$A_n =$ ❸　　　　　　　　　　mm^2

例題3 図のように引張力 N_t（長期）＝100kN を受ける引張材の安全性を検討しなさい。
ただし、鋼材は SN400B、高力ボルトは M16（F10T）を使用します。（→ TEXT p.130 **例題4·8**）

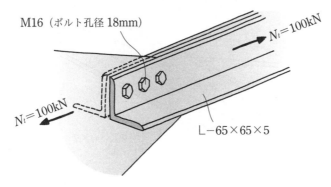

M16（ボルト孔径 18mm）

N_t＝100kN

N_t＝100kN

L－65×65×5

［高力ボルトの検討］

M16（F10T）1 本の許容せん断耐力（2 面摩擦接合）＝（**❶**   ）kN（→ TEXT p.192［付録 10］）

（検討式）**❷**

❸   OK ・ NG

［山形鋼の検討］

下図に有効断面を塗りつぶし、寸法を記入する。

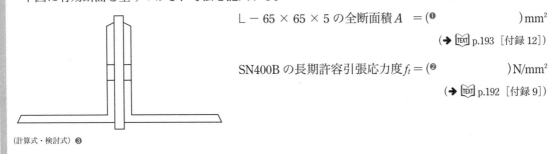

L － 65 × 65 × 5 の全断面積 A ＝（**❶**   ）mm^2

（→ TEXT p.193［付録 12］）

SN400B の長期許容引張応力度 f_t ＝（**❷**   ）N/mm^2

（→ TEXT p.192［付録 9］）

（計算式・検討式）**❸**

4
鉄骨構造

有効断面積 A_n ＝**❹**   mm^2 山形鋼の安全性（**❺** OK ・ NG ）

問題2 下図のように引張力 $N_t = 220$kN（短期）を受ける筋かい材の安全性を検討しなさい。ただし、鋼材は SN400B、高力ボルトは M22（F10T）を使用する。

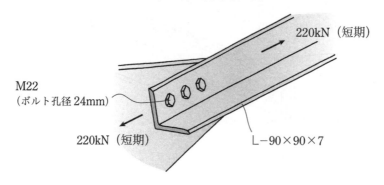

220kN（短期）

M22
（ボルト孔径24mm）

220kN（短期）

L－90×90×7

［高力ボルトの検討］

　　M22（F10T）1本の許容せん断耐力（1面摩擦接合）＝（　　　　　）kN × <u>**1.5 倍（短期）**</u>

（→ 〔TEXT〕 p.192 ［付録10］）

　　　　　　　　　　　　　　　　　　　　　　＝（　　　　　）kN

（検討式）

<u>　　　　　　　　　　　　　　　　　　　　　　　　　　OK　・　NG　</u>

［山形鋼の検討］

　下図に有効断面を塗りつぶし、寸法を記入しなさい。有効断面積 A_n を求め、山形鋼の安全性を検討しなさい。

　　L－90 × 90 × 7 の全断面積 A ＝（　　　　　）mm^2（→ 〔TEXT〕 p.193 ［付録12］）

　　SN400B の短期許容引張応力度 f_t ＝（　　　　　）N/mm^2（→ 〔TEXT〕 p.192 ［付録9］）

（計算式・検討式）

有効断面積

<u>　有効断面積 A_n ＝　　　　　　　mm^2　　山形鋼の安全性　　OK　・　NG　</u>

問題3 下図のように引張力 $N_t = 400$kN（短期）を受ける筋かい材の安全性を検討しなさい。ただし、鋼材は SN400B、高力ボルトは M20（F10T）を使用する。

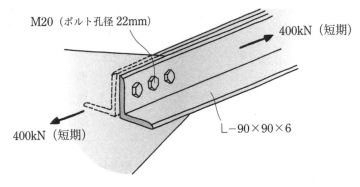

[高力ボルトの検討]

M20（F10T）1本の許容せん断耐力（2面摩擦接合）=（　　　　　）kN × **1.5 倍（短期）**

（→ TEXT p.192［付録 10］）

= （　　　　　）kN

（検討式）

OK ・ NG

[山形鋼の検討]

下図に有効断面を塗りつぶし、寸法を記入しなさい。また、有効断面積 A_n を求め、山形鋼の安全性を検討しなさい。

L − 90 × 90 × 6 の全断面積 A　=（　　　　　）mm^2（→ TEXT p.193［付録 12］）

SN400B の短期許容引張応力度 f_t =（　　　　　）N/mm^2（→ TEXT p.192［付録 9］）

（計算式・検討式）

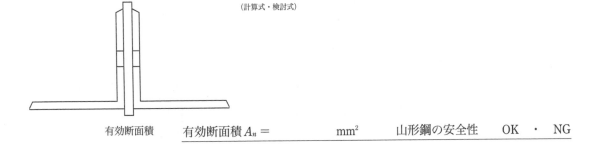

有効断面積　　有効断面積 A_n =　　　　　mm^2　　山形鋼の安全性　OK ・ NG

問題4 次の文章で、正しいものには○、誤っているものには×を付けなさい。

(1)（　　）引張材の有効断面積は、ボルト孔による断面欠損のみを考慮して算出する。

(2)（　　）山形鋼を用いた引張筋かいを、ガセットプレートの片側だけに接合する場合は、有効断面積はボルト孔による断面欠損および突出脚断面全体を無効として引張応力度を算出する。

問題1 座屈応力度 σ_k の式を求めてみよう。（ ）内の適切な式を記入しなさい。（→ TEXT p.132 〜 133）

$$\sigma_k = \frac{P_k}{A} = \left(\begin{array}{c}❶\end{array}\qquad\right) = \left(\begin{array}{c}❷\end{array}\qquad\right)$$

断面2次半径

$$\left(\begin{array}{c}❸\end{array}\qquad\right)$$

i：断面2次半径（mm）
A：断面積（mm²）
I：断面2次モーメント（mm⁴）

$$= \left(\begin{array}{c}❹\end{array}\qquad\right)$$

細長比

$$\left(\begin{array}{c}❺\end{array}\qquad\right)$$

λ：細長比（無次元）
l_k：座屈長さ（mm）

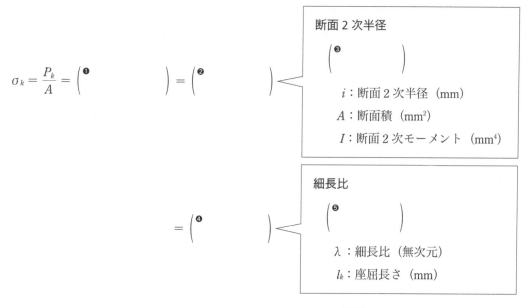

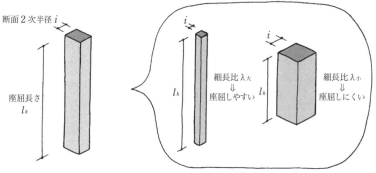

（ ）内の適切な語句を選びなさい。

　細長比 λ が大きいほど部材は（❻　細長く ・ 太短く　）なり、座屈（❼　しやすい・しにくい　）。

　細長比 λ が小さいほど部材は（❽　細長く ・ 太短く　）なり、座屈（❾　しやすい・しにくい　）。

例題1　図のように H 形鋼（H − 250 × 250 × 9 × 14）に 1000kN（長期）の圧縮力をかけました。柱の安全性を検討しなさい。ただし、柱は両端ピンで水平移動は拘束されています。（→ TEXT p.134 例題4·9）

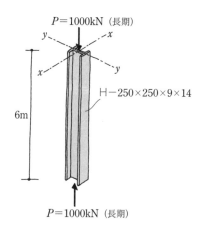

手順1 柱の断面積A、断面2次半径iを 📖 p.194 の［付録13］より調べます。

　　断　面　積　$A = ($❶　　　　　　$)$ mm²

　　断面2次半径　$i_x = 108$mm

　　　　　　　　　$i_y = ($❷　　　　　$)$ mm　←こちらを使う

断面2次半径はi_x、i_yの2つ存在します。

柱は右図のように曲がりやすい弱軸yについて座屈しますので、i_yを使います。

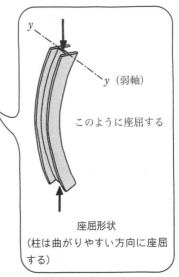

y（弱軸）

このように座屈する

座屈形状
（柱は曲がりやすい方向に座屈する）

手順2 座屈長さl_kを求めます。

座屈形状は右図のようになりますので、📖 p.132 の表4・3より

　　$l_k = ($❸　　　　　$)$ m $= ($❹　　　　　$)$ mm

となります。

手順3 細長比λを求め、📖 p.197 の［付録16］より許容圧縮応力度f_cを調べます。

$$\lambda = \frac{l_k}{i_y} = \left(\text{❺計算式}\right) = (\text{❻})\ (\text{小数点以下切り上げ}) \Rightarrow f_c\ (\text{長期}) = (\text{❼})\ \text{N/mm}^2$$

手順4 柱に生じる圧縮応力度σ_cと許容圧縮応力度f_cとを比較し、安全性を検討します。

📖 p.132 の式4-5より

$$\sigma_c = \frac{P}{A} = \left(\text{❽計算式}\right) = (\text{❾})\ \text{N/mm}^2 \quad \boxed{\text{❿}}^{\text{不等号}}\ f_c\ (\text{長期}) \quad \rightarrow \text{再検討必要}$$

柱の圧縮応力度σ_cが許容圧縮応力度f_cを上回っていますので、座屈の危険性があり、再検討を要します。

例題2 例題1 において、柱材は再検討を要しました。下図のように座屈止めを取り付けて再度安全性を検討してみましょう。（→ 📖 p.136 例題4・10）

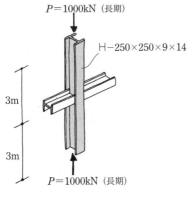

$P = 1000$kN（長期）

H−250×250×9×14

3m

3m

$P = 1000$kN（長期）

座屈長さ l_k

3m

3m

　　座屈長さ $l_k = ($❶　　　　　$)$ m $= ($❷　　　　　$)$ mm　となる。

　　細長比 $\lambda = ($❸　　　　　$) \Rightarrow f_c = ($❹　　　　　$)$ N/mm²

　　　　$\sigma_c = ($❺　　　　　$)$ N/mm² $\boxed{\text{❻}}^{\text{不等号}}\ f_c \Rightarrow$ ❼ <u>OK ・ NG</u>

問題2 次の H 形鋼柱（H − 200 × 100 × 5.5 × 8（SN400B）全長 2m）について次の問題に答えなさい。

(1) この部材の座屈荷重 P_k（kN）を求めなさい。（➡ 📖 p.132 式 4-6）

ただし、柱は両端ピン、水平移動拘束とします。ヤング係数 $E = 2.05×10^5 N/mm^2$

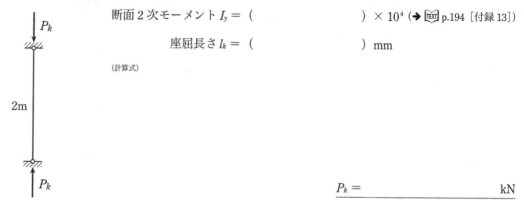

断面2次モーメント $I_y =$（　　　　　　　　　　　　）$× 10^4$（➡ 📖 p.194 ［付録13］）

座屈長さ $l_k =$（　　　　　　　　　　）mm

(計算式)

$P_k =$　　　　　　　　　kN

(2) この柱に、図のように圧縮力 $N_c = 250kN$（長期応力）が作用しました。許容応力度設計の観点から安全性を検討しなさい。

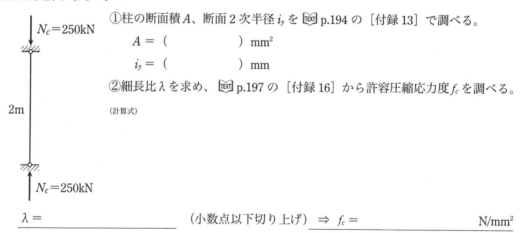

①柱の断面積 A、断面2次半径 i_y を 📖 p.194 の ［付録13］ で調べる。

$A =$（　　　　　　）mm^2

$i_y =$（　　　　　　）mm

②細長比 λ を求め、📖 p.197 の ［付録16］ から許容圧縮応力度 f_c を調べる。

(計算式)

$\lambda =$＿＿＿＿＿＿＿＿（小数点以下切り上げ）⇒ $f_c =$＿＿＿＿＿＿＿ N/mm^2

③柱に生じる圧縮応力度 σ_c を求める。

(計算式)

$\sigma_c =$＿＿＿＿＿＿＿ N/mm^2

④圧縮応力度 σ_c と許容圧縮応力度 f_c を比較して柱の安全性を確認する。

(検討式)

OK ・ NG

【局部座屈】（→ 📖 p.136 ～ 138）

問題3　下図のような鋼材の幅厚比を検討しなさい。ただし、鋼材は SN400B（$F = 235\text{N/mm}^2$）である。
幅厚比の制限値については 📖 p.137 の表4・4を参照しなさい。

(1) 溝形鋼：⊏－ $250 \times 90 \times 9 \times 13$

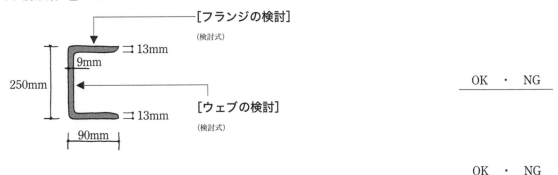

[フランジの検討]

（検討式）

OK　・　NG

[ウェブの検討]

（検討式）

OK　・　NG

(2) 角形鋼管：□－ $300 \times 300 \times 4.5$

（検討式）

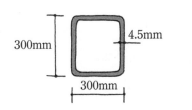

OK　・　NG

問題4　次の文章で、正しいものには○、誤っているものには×を付けなさい。

許容圧縮応力度

(1) （　　）細長比が小さい部材ほど、許容圧縮応力度は大きい。

(2) （　　）細長比の大きい部材ほど、座屈の影響によって、許容圧縮応力度は大きくなる。

(3) （　　）座屈長さが大きいほど、許容圧縮応力度は小さくなる。

(4) （　　）断面2次半径が大きいほど、許容圧縮応力度は小さくなる。

座屈荷重

(5) （　　）弾性座屈荷重は、座屈長さに比例する。

(6) （　　）弾性座屈荷重は、断面2次モーメントに比例する。

(7) （　　）弾性座屈荷重は、ヤング係数に比例する。

(8) （　　）横移動が拘束された両端ピン接合の柱材において、節点間距離を柱材の座屈長さとした。

局部座屈

(9) （　　）鉄骨部材は、板要素の幅厚比や鋼管の径厚比が小さいものほど、局部座屈を起こしやすい。

(10) （　　）H形鋼は、板要素の幅厚比が小さいものほど、局部座屈が生じにくい。

(11) （　　）形鋼の許容応力度設計において、幅厚比が制限値を超える場合は、制限値を超える部分を無効とした断面で検討する。

問題1 （　）内に適切な語句を記入しなさい。（→ TEXT p.139〜141）

梁に生じる力は（❶　　　　　　　　）、（❷　　　　　　　　）である。

梁はこの2つの力に対して設計する。

[梁部材（H形鋼）各部の名称]

（❹　　　　　　　　）　　　　　（❸　　　　　　　）

[フランジの役割]

（❺　　　　　　　　）に

抵抗する。

$M = $（❻文字式　　　　　　）

N_f（圧縮力）

フランジ
中心間距離
j

曲げモーメント
M

N_f（引張力）

[ウェブの役割]

（❼　　　　　　　）に

抵抗する。

Q

梁の座屈 ⇒（❽　　　　　）座屈

補強材の名称
（❾　　　　　　　　　）

例題1　図（a）のような両端固定梁の安全性およびたわみの検討をしなさい。ただし、横座屈は補剛材によって生じないものとします。鋼材は SN400B を使用し、接合部は梁材と同等の強さを有するものとします。

（→ TEXT p.143〜144 **例題4·12**）

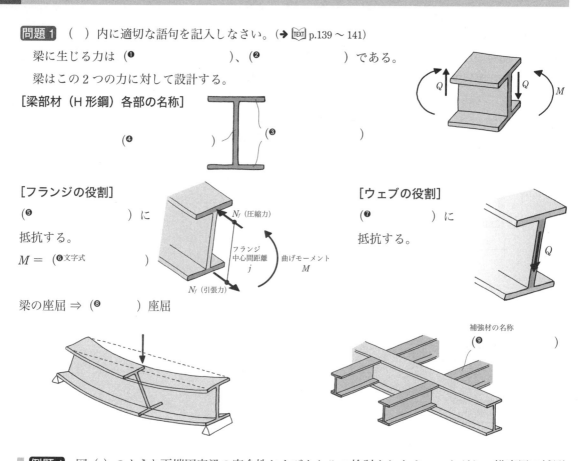

30kN/m（30N/mm）

梁材　H−500×200×10×16
（SN400B）

10m

（a）梁の安全性の検討

250kN·m　　　　　　　　250kN·m　　150kN

125kN·m

−150kN

曲げモーメント図（鉛直荷重）　　　　せん断力図（鉛直荷重）

70kN·m　　　　　　　　　　　　　　14kN

70kN·m

曲げモーメント図（水平力）　　　　せん断力図（水平力）

（b）梁に生じる力

[準備] 断面2次モーメント I_x、Z_x を [TEXT] p.194 の［付録13］より調べる

断面2次モーメント I_x = (❶   ) × 10^4mm⁴ Z_x = (❷   ) × 10^3mm³

[曲げモーメントに関する検討]（安全性の検討）

手順1   曲げモーメント図より最大値を読み取ります。

曲げモーメント M（長期）= (❶   ) kN·m

曲げモーメント M（短期）= (❷計算式   ) = (❸   ) kN·m

手順2   曲げ応力度 σ_b を求め、許容曲げ応力度 f_b（➡ [TEXT] p.192［付録9］）との比較により安全性を検討する。

$$\sigma_b = \frac{M_{(長期)}}{Z_x} = \left(\text{❹計算式} \qquad \right) = (\text{❺} \qquad)\text{N/mm}^2 \quad \boxed{\text{不等号} \atop \text{❻}} \quad f_b = (\text{❼} \qquad)\text{N/mm}^2$$

$$\sigma_b = \frac{M_{(短期)}}{Z_x} = \left(\text{❽計算式} \qquad \right) = (\text{❾} \qquad)\text{N/mm}^2 \quad \boxed{\text{不等号} \atop \text{❿}} \quad f_b = (\text{⓫} \qquad)\text{N/mm}^2$$

$\Rightarrow$ ⓬ OK ・ NG

[せん断力に関する検討]（安全性の検討）

手順1   せん断力図より最大値を読み取ります。

せん断力 Q（長期）= (❶   ) kN

せん断力 Q（短期）= (❷計算式   ) = (❸   ) kN

手順2   ウェブの断面積 A_w を求めます。

A_w = (❹計算式   ) = (❺   ) mm²

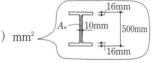

手順3   せん断応力度 τ を求め、許容せん断応力度 f_s（➡ [TEXT] p.192［付録9］）との比較により安全性を検討する。

$$\tau = \frac{Q_{(長期)}}{A_w} = \left(\text{❻計算式} \qquad \right) = (\text{❼} \qquad)\text{N/mm}^2 \quad \boxed{\text{不等号} \atop \text{❽}} \quad f_s（長期）= (\text{❾} \qquad)\text{N/mm}^2$$

$$\tau = \frac{Q_{(短期)}}{A_w} = \left(\text{❿計算式} \qquad \right) = (\text{⓫} \qquad)\text{N/mm}^2 \quad \boxed{\text{不等号} \atop \text{⓬}} \quad f_s（短期）= (\text{⓭} \qquad)\text{N/mm}^2$$

$\Rightarrow$ ⓮ OK ・ NG

[たわみの検討]（使用性の検討）

手順1   たわみ δ を求める。（ヤング係数 $E = 2.05 \times 10^5$mm²）

$$\delta = \frac{wl^4}{384\,EI} = \left(\text{❶計算式} \qquad \right) = (\text{❷} \qquad)\text{ mm}$$

手順2   たわみの制限値（$l/300$）を比較します。

$$\delta = (\text{❸} \qquad)\text{ mm} \quad \boxed{\text{不等号} \atop \text{❹}} \quad \frac{l}{300} = \left(\text{❺計算式} \qquad \right) = (\text{❻} \qquad)\text{ mm}$$

$\Rightarrow$ ❼ OK ・ NG

4
鉄骨構造

問題2 下図のように長期荷重10kNを受ける単純梁について、次の問いに答えなさい。

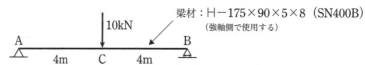

梁材：H−175×90×5×8（SN400B）
（強軸側で使用する）

[安全性の検討]

(1) 曲げモーメント、せん断力について安全性を検討しなさい。ただし、<u>横座屈は生じない</u>ものとする。

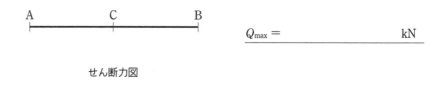

　📖 p.192 の［付録9］より　　　長期許容曲げ応力度 f_b ＝（　　　　　　　　）N/mm²

　　　　　　　　　　　　　　　　長期許容せん断応力度 f_s ＝（　　　　　　　　）N/mm²

　　　　　　　A　　　　　　C　　　　　　B

$Q_{\max} =$ 　　　　　　　　　　kN

　　　　　　　　　　せん断力図

　　　　　　　A　　　　　　C　　　　　　B

$M_{\max} =$ 　　　　　　　　　　kN·m

　　　　　　　　　曲げモーメント図

(2) 曲げモーメントに関して安全性を検討しなさい。

　📖 p.194 の［付録13］より　　　断面係数 Z ＝（　　　　　　　　）× 10³mm³

（検討式）

　　　曲げ応力度 $\sigma_b = \dfrac{M_{\max}}{Z} =$

OK　・　NG

(3) せん断力に関して安全性を検討しなさい。

　ウェブの断面積 $A_w =$（ (計算式 　　　　　　　　　　　　　　） ＝（　　　　　　　）mm²

（検討式）

　　　せん断応力度 $\tau = \dfrac{Q_{\max}}{A_w} =$

OK　・　NG

[使用性の検討]

(4) たわみについて検討しなさい。

　　鋼材のヤング係数 E　　　　＝（　　　　　　　）× 10⁵mm²（➡ 📖 p.144）

　　梁材の断面2次モーメント I_x ＝（　　　　　　　）× 10⁴mm⁴（➡ 📖 p.194［付録13］）

　　たわみの制限値 $l/300$　　　＝（　　　　　　　）＝（　　　　）mm（小数点以下切り捨て）

（検討式）

　　　たわみ $\delta = \dfrac{Pl^3}{48\,EI} =$

OK　・　NG

(5) たわみの制限をクリアできませんでした。制限をクリアできる H 形鋼を探しなさい。

　たわみの制限値（　　　）mm をクリアするため、梁断面を変更して、断面 2 次モーメント I を大きくします。

(検討式)

$$H-(\quad\quad \times \quad\quad \times \quad\quad \times \quad\quad)$$

問題3　次の文章で、正しいものには○、誤っているものには×を付けなさい。

H 形鋼

(1) （　　）H 形鋼を梁に用いる場合、曲げモーメントをウェブで、せん断力をフランジで負担させるものとする。

(2) （　　）H 形鋼を梁において、せん断力の大部分をウェブで、曲げモーメントの大部分をフランジで負担する。

横座屈

(3) （　　）H 形断面梁の設計においては、横座屈を考慮する必要がある。

(4) （　　）横座屈のおそれがある曲げ材の許容曲げ応力度は、曲げ材の細長比が大きいものほど小さい。

(5) （　　）角形鋼管や弱軸まわりに曲げを受ける部材については、横座屈を考慮する必要はない。

(6) （　　）梁の横座屈を拘束するために、適正な間隔でスチフナを設けた。

(7) （　　）H 形鋼の梁の横座屈を拘束するために、圧縮側フランジに補剛材を配置する。

たわみ

(8) （　　）梁に生じる力に対する安全性を確保するため、たわみは制限値以下に抑える必要がある。

(9) （　　）振動問題など使用上の支障が起こらないようにするため、たわみは制限値以下に抑える必要がある。

(10) （　　）梁の断面 2 次モーメントを大きくすれば、たわみを小さくする効果がある。

(11) （　　）梁のたわみを小さくするため、強度の大きな鋼材を使用した。

問題1 柱の特徴に関する文章中（　）内に適切な語句を記入しなさい。

【柱に生じる力と柱断面】（→ 📖 p.145）

柱には（❶　　　　　　　）、（❷　　　　　　　　）、（❸　　　　　　　）が生じる。

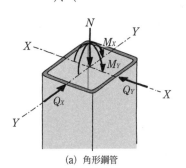
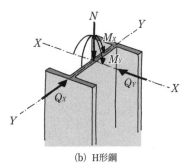

(a) 角形鋼管　　　　　　　　　　(b) H形鋼

角形鋼管の特徴

・X、Y（❹　　　　　）方向同等の強さが得られる。

・（❺　　　　　　）が生じない。

・（❻　　　　　）形の断面のため、溶接などの（❼　　　　　）性が悪い。

H形鋼の特徴

・X、Y両方向で強さが（❽　　　　　）ので、強度の低い方向で（❾　　　　　）を入れるなどの配慮が必要である。

・（❿　　　　　）軸に対して、（⓫　　　　　）を考慮する必要がある。

・（⓬　　　　　）、（⓭　　　　　）で角形鋼管にまさる。

例題1 図（a）の柱に図（b）のような軸方向力 N、曲げモーメント M、せん断力 Q が生じるときの安全性を検討しなさい。ただし、柱の座屈形状は図（c）のようになります。
（→ 📖 p.147 〜 149 例題 4·13）

[準備] □−350 × 350 × 9 の断面に関する数量を 📖 p.196 の［付録14］より調べる。

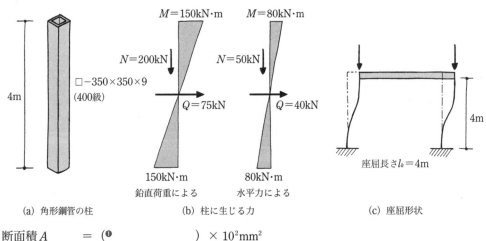

(a) 角形鋼管の柱　　　　(b) 柱に生じる力　　　　(c) 座屈形状

断面積 A　　　　＝（❶　　　　　　　　）× $10^2\,mm^2$

断面係数 Z　　　＝（❷　　　　　　　　）× $10^3\,mm^3$

断面2次半径 i ＝（❸　　　　　　　　）mm

柱に生じる力の最大値を読み取り、長期、短期についてまとめる。

圧縮力 N（長期）＝（❹　　　　　　　）kN

圧縮力 N（短期）＝（❺計算式　　　　　　　　　　　　）＝（❻　　　　　　　）kN

曲げモーメント M（長期）＝（❼　　　　　　　）kN・m

曲げモーメント M（短期）＝（❽計算式　　　　　　　　　　）＝（❾　　　　　　　）kN・m

せん断力 Q（長期）＝（❿　　　　　　　）kN

せん断力 Q（短期）＝（⓫計算式　　　　　　　　　　）＝（⓬　　　　　　　）kN

［圧縮力＋曲げモーメントに関する検討］

手順1　圧縮応力度 σ_c、曲げ応力度 σ_b を求める。

$$\sigma_c（長期）＝\frac{N_{（長期）}}{A}＝\left(\text{❶計算式}\qquad\qquad\right)＝（❷\qquad）\ \text{N/mm}^2$$

$$\sigma_c（短期）＝\frac{N_{（短期）}}{A}＝\left(\text{❸計算式}\qquad\qquad\right)＝（❹\qquad）\ \text{N/mm}^2$$

$$\sigma_b（長期）＝\frac{M_{（長期）}}{A}＝\left(\text{❺計算式}\qquad\qquad\right)＝（❻\qquad）\ \text{N/mm}^2$$

$$\sigma_b（短期）＝\frac{M_{（短期）}}{A}＝\left(\text{❼計算式}\qquad\qquad\right)＝（❽\qquad）\ \text{N/mm}^2$$

手順2　許容応力度を算定する。

角形鋼管は（❾　　　　　　　）を起こさないので、許容曲げ応力度 f_b は 📖 p.192 の［付録9］の数値をそのまま使うことができます。

f_b（長期）＝（❿　　　　　）N/mm²

f_b（短期）＝（⓫　　　　　）N/mm²

許容圧縮応力度 f_c は（⓬　　　　　　　）を考慮して算定します。

座屈長さ l_k＝（⓭　　　　）m＝（⓮　　　　　　）mm

$$細長比\ \lambda＝\frac{l_k}{i}＝\left(\text{⓯計算式}\qquad\right)＝（\underset{\text{小数点以下切り上げ}}{⓰\qquad}）\Rightarrow f_c（長期）＝（⓱\qquad）\ \text{N/mm}^2$$

（→ 📖 p.197 ［付録16］）

f_c（短期）＝f_c（長期）×（⓲　　　　　）倍＝（⓳　　　　　　）N/mm²

手順3　柱の安全性を検討します。

［長期についての検討］

$$\frac{\sigma_b}{f_b}+\frac{\sigma_c}{f_c}＝\left(\text{㉑計算式}\qquad\qquad\right)＝（㉑\quad）\ \overset{\text{不等号}}{\boxed{\text{㉒}\quad}}\ （㉓\quad）$$

［短期についての検討］

$$\frac{\sigma_b}{f_b}+\frac{\sigma_c}{f_c}＝\left(\text{㉔計算式}\qquad\qquad\right)＝（㉕\quad）\ \overset{\text{不等号}}{\boxed{\text{㉖}\quad}}\ （㉗\quad）$$

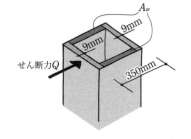

[せん断力に関する検討]

手順1 せん断力に対抗する部分の断面積 A_w を求める。

$$A_w = (\text{❶計算式} \qquad\qquad\qquad\qquad)$$
$$= (\text{❷} \qquad\qquad) \text{ mm}^2$$

手順2 せん断応力度 τ を求め、許容せん断応力度 f_s との比較により安全性を検討する。(→ TEXT p.192 [付録9])

$$\tau(\text{長期}) = \frac{Q(\text{長期})}{A_w} = \left(\text{❸計算式} \qquad\qquad\right) = (\text{❹} \quad) \text{N/mm}^2 \boxed{\text{❺} \, \overset{\text{不等号}}{}} \, f_s(\text{長期}) = (\text{❻} \quad) \text{N/mm}^2$$

$$\tau(\text{短期}) = \frac{Q(\text{短期})}{A_w} = \left(\text{❼計算式} \qquad\qquad\right) = (\text{❽} \quad) \text{N/mm}^2 \boxed{\text{❾} \, \overset{\text{不等号}}{}} \, f_s(\text{長期}) = (\text{❿} \quad) \text{N/mm}^2$$

⓫ OK ・ NG

[柱脚の形式] (→ TEXT p.149)

柱脚の形式と力学モデルとの関係をおさえておこう。

柱脚の形式と力学モデル

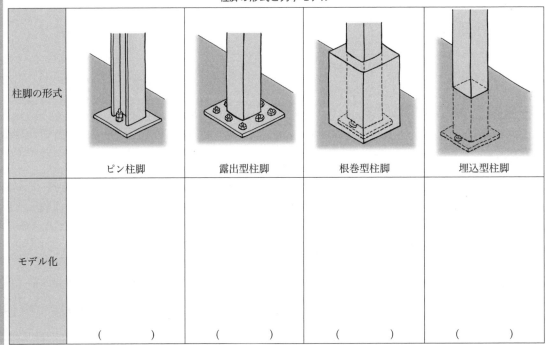

柱脚の形式	ピン柱脚	露出型柱脚	根巻型柱脚	埋込型柱脚
モデル化	( )	( )	( )	( )

問題2 次の文章で、正しいものには○、誤っているものには×を付けなさい。

(1) ( ) 角形鋼管は横座屈を生じない。

(2) ( ) 圧縮力と曲げモーメントを同時に受ける柱の断面は「圧縮応力度 σ_c を許容圧縮応力度 f_c で除した値」と「圧縮側曲げ応力度 $_c\sigma_b$ を許容曲げ応力度 f_b で除した値」との和が1以下であることを確かめる必要がある。

(3) ( ) ベースプレートの四周にアンカーボルトを用いた露出型柱脚とする場合、柱脚に曲げモーメントは生じないものとし、軸方向力およびせん断力に対して柱脚を設計する。

問題3 鉄骨柱（□－ 300 × 300 × 6（400 級）　両端ピン、座屈止めなし、柱長 6m）に次のような力
（長期）が生じている。柱の安全性を検討しなさい。

$\begin{cases} \text{曲げモーメント } M = 50\text{kN·m} \\ \text{圧縮力 } N \ = 230\text{kN} \\ \text{せん断力 } Q = 100\text{kN} \end{cases}$

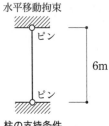

水平移動拘束

ピン

6m

ピン

柱の支持条件

(1) 座屈長さ $l_k =$（　　　　　　　　　）mm

(2) 圧縮応力度 σ_c、曲げ応力度 σ_b を求めなさい。

□－ 300 × 300 × 6　⇒　$\begin{cases} \text{断 面 積 } A =（\qquad\qquad）\text{mm}^2 \\ \text{断面係数 } Z =（\qquad\qquad）\times 10^3\text{mm}^3（\text{➡ \fbox{TEXT} p.196［付録 14］}） \end{cases}$

(計算式)

圧縮応力度 $\sigma_c =$ _____ N/mm²

曲げ応力度 $\sigma_b =$ _____ N/mm²

(3) 許容圧縮応力度 f_c、許容曲げ応力度 f_b を求めなさい。

［圧縮許容応力度 f_c について］

\fbox{TEXT} p.196 の［付録 14］より　　断面 2 次半径 $i =$（　　　　　）mm

細長比 $\lambda = \left(\overset{\text{計算式}}{}\right) =$（　　　　）　⇒　\fbox{TEXT} p.197 の［付録 16］　⇒

許容圧縮応力度 $f_c =$ _____ N/mm²

［許容曲げ応力度 f_b について］

角形鋼管は（　　　　　）座屈を起こさないので \fbox{TEXT} p.192 の［付録 9］の値をそのまま使うことができる。

許容曲げ応力度 $f_b =$ _____ N/mm²

(4) 安全性を検討しなさい。

［圧縮応力度＋曲げ応力度について］

(検討式)

OK　・　NG

［せん断応力度について］

せん断力に対抗する部分の断面積 $A_w =$ (計算式　　　　　　　　　　　　　) ＝（　　　　）mm²

(検討式)

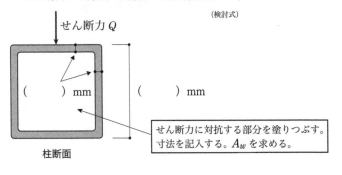

せん断力 Q

（　　　）mm　　（　　　）mm

せん断力に対抗する部分を塗りつぶす。
寸法を記入する。A_w を求める。

柱断面

OK　・　NG

4
鉄骨構造

問題1 接合部に関して、（　）内に適切な語句を、［　］内に適切な数値を記入しなさい。

【設計法・名称】（→ TEXT p.150 ～ 151)

（❶　　　　　　）設計：接合部に生じる応力度（（❷　　　）応力度)に対して安全であるように設計する。

（❸　　　　　　）設計：接合する部材の（❹　　　）耐力と同等の強さに設計する。

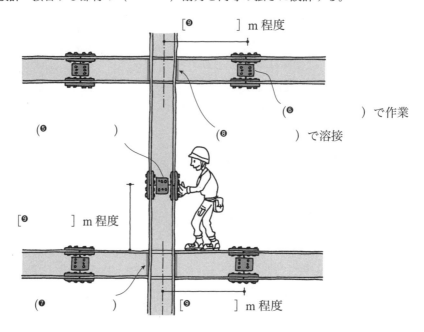

［❾　　　　　］m 程度

（❻　　　　　　　　）で作業

（❺　　　　　　）

（❽　　　　　　　　　）で溶接

［❾　　　　　］m 程度

（❼　　　　　　）

［❾　　　　　］m 程度

【継　手】（→ TEXT p:152 ～ 156)

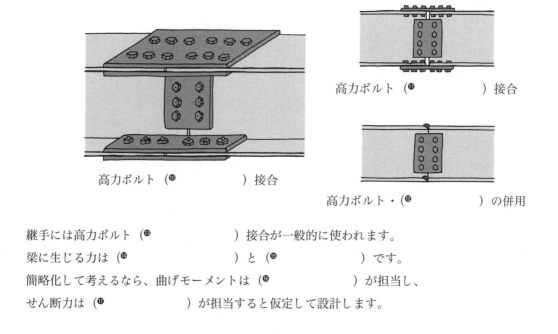

高力ボルト（❶　　　　　）接合

高力ボルト（❿　　　　　）接合

高力ボルト・（⓬　　　　　）の併用

継手には高力ボルト（⓭　　　　　　）接合が一般的に使われます。

梁に生じる力は（⓮　　　　　　）と（⓯　　　　　　　）です。

簡略化して考えるなら、曲げモーメントは（⓰　　　　　　）が担当し、

せん断力は（⓱　　　　　）が担当すると仮定して設計します。

例題 1 H − 400 × 200 × 8 × 13（SN400B）の梁継手を許容耐力によって設計しなさい（全強設計）。高力ボルトは M20（F10T）を使用します。（➡ 📖 p.155 **例題 4・14**）

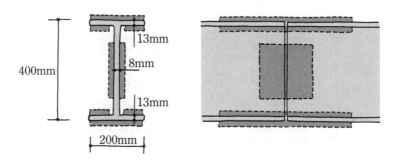

［フランジの高力ボルト本数の算定］

手順 1 フランジの許容引張力 N_f を梁材の許容引張応力度 f_t（長期）から求めます。

鋼材 SN400B の f_t（長期）＝（❶   ）N/mm²（➡ 📖 p.192［付録9］）

フランジの断面積 A_f ＝（❷計算式   ）＝（❸   ）mm²

$N_f = f_t \times A_f$ ＝（❹計算式   ）

         ＝（❺   ）× 10³N ＝（❻   ）kN

手順 2 フランジの高力ボルトの本数 n_f を算定します。

高力ボルト M20（F10T）1 本あたりのせん断耐力 R_s ＝（❼   ）kN

（➡ 📖 p.192［付録10］（2面摩擦接合））

$$n_f \geq \frac{N_f}{R_s} = \left(❽計算式 \qquad\qquad \right) = （❾\quad）本$$

                ⇒（フランジは偶数本）⇒ $\underline{n_f = （❿\qquad）本}$

［ウェブの高力ボルト本数の算定］

手順 1 せん断力 Q を許容せん断応力度 f_s（長期）から求めます。

鋼材 SN400B の f_s（長期）＝（❶   ）N/mm²（➡ 📖 p.192［付録9］）

ウェブの断面積 A_w ＝（❷計算式   ）＝（❸   ）mm²

$Q = f_s \times A_w$ ＝（❹計算式   ）＝（❺   ）× 10³N ＝（❻   ）kN

手順 2 ウェブの高力ボルトの本数 n_w を算定します。

$$n_w \geq \frac{Q}{R_s} = \left(❼計算式 \qquad\qquad \right) = （❽\quad）本 \Rightarrow \underline{n_w = （❾\qquad）本}$$

問題2 次のように梁の継ぎ手を部材の許容耐力により設計（全強設計）した。高力ボルトの本数を決めなさい。ただし、鋼材は SN400B、梁材は H － 500 × 200 × 10 × 16、高力ボルトは F10T M22 を使用する。

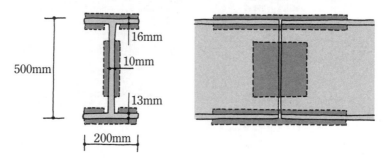

[フランジの高力ボルト本数の算定]

鋼材 SN400B の長期許容引張応力度 f_t ＝（　　　　　　　　）N/mm² （→ 📖 p.192 ［付録 9］）

フランジの断面積 A_f ＝ $^{(計算式}$　　　　　　　　　　　　　）＝（　　　　　）mm²

$N_f = f_t × A_f = {}^{(計算式}$　　　　　　　　　　）＝（　　　）× 10³N ＝（　　　　　）kN

高力ボルト M22（F10T）1 本あたりのせん断耐力 R_s ＝（　　　）kN

（→ 📖 p.192 ［付録 10］（2 面摩擦接合））

📖 p.153 の式 4-16 より高力ボルトの本数 n_f は

(検討式)

n_f ＝ ＿＿＿＿＿＿＿＿＿＿＿＿ 本

[ウェブの高力ボルト本数の算定]

鋼材 SN400B の長期許容せん断応力度 f_s ＝（　　　　　）N/mm² （→ 📖 p.192 ［付録 9］）

ウェブの断面積 A_w ＝ $^{(計算式}$　　　　　　　　　　　）＝（　　　　）mm²

$Q = f_s × A_w = {}^{(計算式}$　　　　　　　　）＝（　　　）× 10³N ＝（　　　　）kN

📖 p.154 の式 4-18 より高力ボルトの本数 n_w は

(検討式)

n_w ＝ ＿＿＿＿＿＿＿＿＿＿＿＿ 本

【仕　口】（→ 📖 p.157 ～ 160）

問題3 次の図中 （ ） 内に適切な語句を記入しなさい。

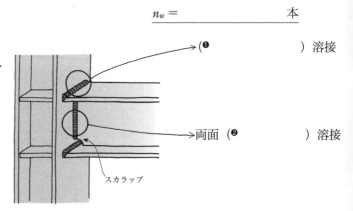

（❶　　　　　　　　　）溶接

→ 両面（❷　　　　　　　　　）溶接

スカラップ

例題2 図の仕口の安全性を検討しなさい。（→ TEXT p.158～160 例題4・15）

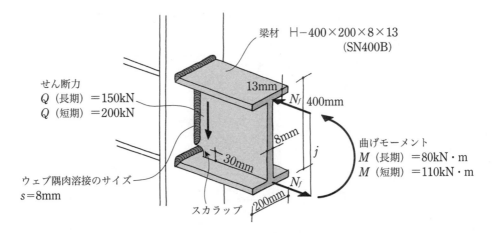

梁材　Ｈ－400×200×8×13
（SN400B）

せん断力
Q（長期）＝150kN
Q（短期）＝200kN

13mm

N_f　400mm

8mm

j

曲げモーメント
M（長期）＝80kN・m
M（短期）＝110kN・m

ウェブ隅肉溶接のサイズ
s＝8mm

30mm

N_f

スカラップ　200mm

[フランジ部（完全溶け込み溶接）の検討]

手順1　フランジに生じる引張力 N_f を求めます。

$j = ($❶計算式 $) = ($❷ $)$ mm

N_f（長期）$= \dfrac{M_{（長期）}}{j} = \left(\begin{array}{c}❸計算式\end{array}\right) = ($❹ $) \times 10^3 \mathrm{N} = ($❺ $)$ kN

N_f（短期）$= \dfrac{M_{（短期）}}{j} = \left(\begin{array}{c}❻計算式\end{array}\right) = ($❼ $) \times 10^3 \mathrm{N} = ($❽ $)$ kN

手順2　完全溶け込み溶接の有効断面積 A を求めます。

有効のど厚 a ＝フランジ厚＝（❾　　　　　）mm

有効長さ l 　＝フランジ幅＝（❿　　　　　）mm

有効断面積 $A = a \times l = ($⓫計算式 $) = ($⓬ $)$ mm^2

手順3　溶接の有効断面に生じる引張・圧縮応力度 σ を求め、σ と溶接継目の許容引張応力度 f_t とを比較して安全性を検討します。（→ TEXT p.192 ［付録11］）

σ（長期）$= \dfrac{N_{f（長期）}}{A} = \left(\begin{array}{c}⓭計算式\end{array}\right)$

$= ($⓮ $)$ N/mm^2　不等号 [　⓯　] f_t（長期）$= ($⓰ $)$ N/mm^2

σ（短期）$= \dfrac{N_{f（短期）}}{A} = \left(\begin{array}{c}⓱計算式\end{array}\right)$

$= ($⓲ $)$ N/mm^2　不等号 [　⓳　] f_t（短期）$= ($⓴ $)$ N/mm^2

㉑ OK　・　NG

[ウェブ部（両面隅肉溶接）の検討］

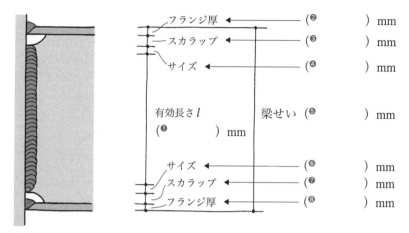

フランジ厚 ← （❷　　　　　）mm
スカラップ ← （❸　　　　　）mm
サイズ ← （❹　　　　　）mm

有効長さ l
（❶　　　　　）mm　　　梁せい（❺　　　　　）mm

サイズ ← （❻　　　　　）mm
スカラップ ← （❼　　　　　）mm
フランジ厚 ← （❽　　　　　）mm

手順1　両面隅肉溶接の有効断面積 A を求めます。

有効のど厚 a ＝（❾　　　）×サイズ s ＝（❿計算式　　　　　　）＝（⓫　　　　）mm

有効長さ l ＝（⓬計算式　　　　　　　　　　）＝（⓭　　　　）mm

有効断面積 A ＝ 2面× a × l ＝（⓮計算式　　　　　　）＝（⓯　　　　）mm²

手順2　溶接の有効断面に生じるせん断応力度 τ を求め、τ と溶接継目の許容せん断応力度 f_s とを比較して安全性を検討します。（→ [TEXT] p.192 ［付録11］）

$$\tau\,(長期)\,=\frac{Q\,(長期)}{A}=\left(\text{⓰計算式}\right)$$

$$=\,(⓱\qquad)\,\text{N/mm}^2\ \boxed{\ ⓲\ }^{不等号}\ f_s\,(長期)\,=\,(⓳\qquad)\,\text{N/mm}^2$$

$$\tau\,(短期)\,=\frac{Q\,(短期)}{A}=\left(\text{⓴計算式}\right)$$

$$=\,(㉑\qquad)\,\text{N/mm}^2\ \boxed{\ ㉒\ }^{不等号}\ f_s\,(長期)\,=\,(㉓\qquad)\,\text{N/mm}^2$$

㉔　OK　・　NG

問題4　図の仕口に曲げモーメント M ＝ 200kN·m（長期）、せん断力 Q ＝ 150kN（長期）がかかるとき、安全性を検討しなさい。ただし、鋼材は SN400B、梁材は H － 500 × 200 × 10 × 16 を使用する。

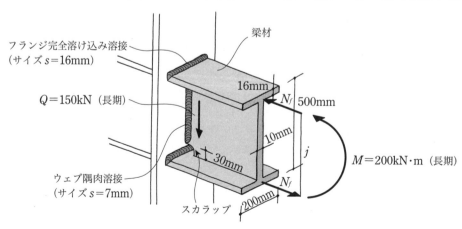

フランジ完全溶け込み溶接
（サイズ s ＝16mm）

梁材

Q ＝150kN（長期）

16mm
N_f　500mm

10mm

30mm
j

M ＝200kN·m（長期）

ウェブ隅肉溶接
（サイズ s ＝7mm）

N_f

スカラップ　200mm

［フランジ部（完全溶け込み溶接）の検討］

手順1 フランジに生じる引張力 N_f を求めます。

$$j = \text{(}^{\text{計算式}} \qquad\qquad\qquad\text{)} = (\qquad\qquad) \text{ mm}$$

$$N_f \text{（長期）} = \frac{M_{\text{（長期）}}}{j} = \left(^{\text{計算式}} \qquad\qquad\qquad\right) = (\qquad\qquad) \times 10^3 \text{N} = (\qquad\qquad) \text{ kN}$$

手順2 完全溶け込み溶接の有効断面積 A を求めます。

有効のど厚 a ＝フランジ厚＝（   ） mm

有効長さ l ＝フランジ幅＝（   ） mm

有効断面積 $A = a \times l = (^{\text{計算式}} \qquad\qquad\qquad) = (\qquad\qquad) \text{ mm}^2$

手順3 溶接の有効断面に生じる引張・圧縮応力度 σ を求め、σ と溶接継目の長期許容引張応力度 f_t とを比較して安全性を検討します。（→ TEXT p.192 ［付録11]）

$$\sigma \text{（長期）} = \frac{N_{f\text{（長期）}}}{A} = \left(^{\text{計算式}} \qquad\qquad\qquad\right)$$

$$= (\qquad\qquad) \text{ N/mm}^2 \quad \boxed{}^{\text{不等号}} \quad f_t \text{（長期）} = (\qquad\qquad) \text{ N/mm}^2$$

OK ・ NG

［ウェブ部（両面隅肉溶接）の検討］

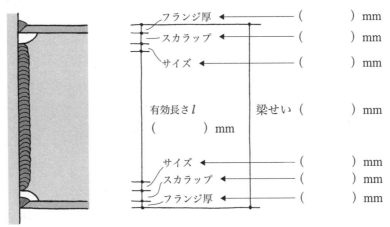

フランジ厚 ◄─── （   ） mm
スカラップ ◄─── （   ） mm
サイズ ◄─── （   ） mm
有効長さ l 梁せい（   ） mm
（   ） mm
サイズ ◄─── （   ） mm
スカラップ ◄─── （   ） mm
フランジ厚 ◄─── （   ） mm

手順1 両面隅肉溶接の有効断面積 A を求めます。

有効のど厚 a ＝（   ）×サイズ $s = (^{\text{計算式}} \qquad\qquad) = (\qquad\qquad) \text{ mm}$

有効長さ l ＝$(^{\text{計算式}} \qquad\qquad\qquad) = (\qquad\qquad) \text{ mm}$

有効断面積 $A = 2$面$\times a \times l = (^{\text{計算式}} \qquad\qquad) = (\qquad\qquad) \text{ mm}^2$

手順2 溶接の有効断面に生じるせん断応力度 τ を求め、τ と溶接継目の許容せん断応力度 f_s とを比較して安全性を検討します。（→ TEXT p.192 ［付録11]）

$$\tau \text{（長期）} = \frac{Q_{\text{（長期）}}}{A} = \left(^{\text{計算式}} \qquad\qquad\qquad\right)$$

$$= (\qquad\qquad) \text{ N/mm}^2 \quad \boxed{}^{\text{不等号}} \quad f_s \text{（長期）} = (\qquad\qquad) \text{ N/mm}^2$$

OK ・ NG

問題1 図1のラーメンについて梁、柱、接合部の安全性を検討しなさい。

図2には（a）鉛直荷重時および（b）地震力による曲げモーメント図と梁・柱に生じるせん断力 Q、軸方向力 N を示している。鋼材は SN400B を使用する。

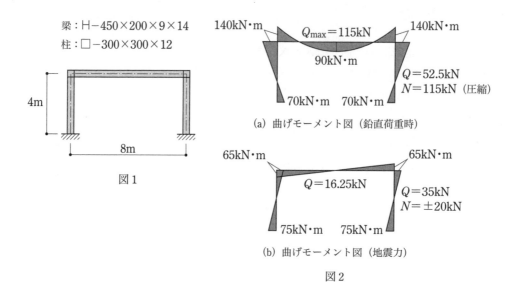

梁：H−450×200×9×14
柱：□−300×300×12

図1

(a) 曲げモーメント図（鉛直荷重時）

(b) 曲げモーメント図（地震力）

図2

(1) 断面性能

部材断面の数値を 📖 p.194〜196 の［付録13］［付録14］で調べ、次の表に書き込みなさい。なお、梁・柱とも強軸側で使用しているものとし、断面2次モーメントは I_x、断面係数は Z_x の値を書き出す。

		断面積 A（mm²）	断面2次モーメント I_x（×10⁴mm⁴）	断面係数 Z_x（×10³mm³）
梁	H − 450 × 200 × 9 × 14			
柱	□ − 300 × 300 × 12			

許容応力度を 📖 p.192 の［付録9］より書き出しておこう。

許容曲げ応力度 f_b（長期）＝（　　　　　　）N/mm²　　f_b（短期）＝（　　　　　　）N/mm²

許容せん断応力度 f_s（長期）＝（　　　　　　）N/mm²　　f_s（短期）＝（　　　　　　）N/mm²

⑵ 梁の検討

［曲げモーメントについて］

曲げモーメント図より、曲げモーメントの最大値を読み取る。

M（長期）＝（　　　　　）kN·m

M（短期）＝ ^{計算式}（　　　　　　　　　　　　　　　　　　　）＝（　　　　　）kN·m

曲げ応力度 σ_b を求め、許容曲げ応力度と比較して安全性を検討する。

σ_b（長期）＝ $\left(^{計算式} \right)$ ＝（　　　）N/mm² ［不等号］ f_b（長期）⇒ <u>OK ・ NG</u>

σ_b（短期）＝ $\left(^{計算式} \right)$ ＝（　　　）N/mm² ［不等号］ f_b（短期）⇒ <u>OK ・ NG</u>

［せん断力について］

せん断力 Q を書き出す。

Q（長期）＝（　　　　　）kN

Q（短期）＝ ^{計算式}（　　　　　　　　　　　　）＝（　　　　　）kN

ウェブ断面積 A_w を求める。

A_w ＝ ^{計算式}（　　　　　　　　　　　　　　　　　　　）＝（　　　　　）mm²

せん断応力度 τ を求め、許容せん断応力度と比較して安全性を検討する。

τ（長期）＝ $\left(^{計算式} \right)$ ＝（　　　）N/mm² ［不等号］ f_s（長期）⇒ <u>OK ・ NG</u>

τ（短期）＝ $\left(^{計算式} \right)$ ＝（　　　）N/mm² ［不等号］ f_s（長期）⇒ <u>OK ・ NG</u>

［たわみについて］

たわみの検討を行い、使用上の支障がないかを検討する。なお、等分布荷重 $w = 30$kN/m（30N/mm）であり、このときの梁中央でのたわみ δ は柱の変形を考慮し、次式で求められるものとする。たわみの制限値 $l/300$ とする。

梁中央でのたわみ $\delta = \dfrac{2.5wl^4}{384EI_x}$ 　　たわみの制限値＝ $\left(\right)$ ＝（　　　　　）mm
（小数点以下切り捨て）

$\delta = \left(^{計算式} \right)$ ＝（　　　　）mm ［不等号］ 制限値

⇒ <u>OK ・ NG</u>

(3) 柱の検討

[圧縮力＋曲げモーメントについて]

圧縮力 N を書き出す。

　　N（長期）＝（　　　　　　）kN

　　N（短期）＝（^{計算式}　　　　　　　　　　　　　　　　　　）＝（　　　　　　）kN

曲げモーメント図より、曲げモーメントの最大値を読み取る。

　　M（長期）＝（　　　　　　）kN・m

　　M（短期）＝（^{計算式}　　　　　　　　　　　　　　　　　　）＝（　　　　　　）kN・m

圧縮応力度 σ_c を求める。

　　σ_c（長期）＝$\left(\begin{array}{c}\text{計算式}\\[20pt]\end{array}\right.$　　　　　　）＝（　　　　　　）N/mm²

　　σ_c（短期）＝$\left(\begin{array}{c}\text{計算式}\\[20pt]\end{array}\right.$　　　　　　）＝（　　　　　　）N/mm²

圧縮応力度 σ_b を求める。

　　σ_b（長期）＝$\left(\begin{array}{c}\text{計算式}\\[20pt]\end{array}\right.$　　　　　　）＝（　　　　　　）N/mm²

　　σ_b（短期）＝$\left(\begin{array}{c}\text{計算式}\\[20pt]\end{array}\right.$　　　　　　）＝（　　　　　　）N/mm²

許容応力度を算定する。

角形鋼管は（　　　　　　）しないので、許容曲げ応力度 f_b については 📖 p.192 の［付録9］の値をそのまま使う。

　　f_b（長期）＝（　　　　　　）N/mm²　　　　f_b（短期）＝（　　　　　　）N/mm²

許容圧縮応力度 f_c については座屈を考慮して決める。

梁の変形を考慮して、座屈長さ l_k ＝ 4.5m とする。

　　断面2次半径 i ＝（　　　　　　）mm　　（→ 📖 p.196［付録14］）

細長比を計算し、📖 p.197 の［付録16］より許容圧縮応力度 f_c を決める。

　　細長比 λ ＝$\left(\begin{array}{c}\text{計算式}\\[20pt]\end{array}\right.$　　　　　　）＝（　　　　　　）⇒ f_c（長期）＝（　　　　　　）N/mm²

　　　　　　　　　　　　　　　　　　　　　　　　f_c（短期）＝ 1.5 × f_c（長期）＝（　　　　　　）N/mm²

📖 p.146 の式 4-13 より、柱の安全性を検討する。

(長期について)

$$\left(\begin{array}{c}\text{計算式}\\\\\end{array}\right) = (\qquad) \boxed{\quad}^{\text{不等号}} 1 \quad\Rightarrow\quad \underline{\text{OK}\quad\cdot\quad\text{NG}}$$

(短期について)

$$\left(\begin{array}{c}\text{計算式}\\\\\end{array}\right) = (\qquad) \boxed{\quad}^{\text{不等号}} 1 \quad\Rightarrow\quad \underline{\text{OK}\quad\cdot\quad\text{NG}}$$

[せん断力について]

せん断力 Q を書き出す。

Q（長期）＝（　　　　　）kN

Q（短期）＝ $\left(\text{計算式}\qquad\qquad\right)$ ＝（　　　　　）kN

ウェブ断面積 A_w を求める。

A_w ＝ $\left(\text{計算式}\qquad\qquad\qquad\qquad\right)$ ＝（　　　　　）mm²

せん断応力度 τ を求め、許容せん断応力度と比較して安全性を検討する。

τ（長期）＝ $\left(\begin{array}{c}\text{計算式}\\\\\end{array}\right)$ ＝（　　　）N/mm² $\boxed{\quad}^{\text{不等号}}$ f_s（長期）⇒ $\underline{\text{OK}\quad\cdot\quad\text{NG}}$

τ（短期）＝ $\left(\begin{array}{c}\text{計算式}\\\\\end{array}\right)$ ＝（　　　）N/mm² $\boxed{\quad}^{\text{不等号}}$ f_s（長期）⇒ $\underline{\text{OK}\quad\cdot\quad\text{NG}}$

(4) 継手（高力ボルト接合）の検討

梁継手（2面摩擦接合）の高力ボルト（M20（F10T））の本数を許容耐力によって算定してみよう。

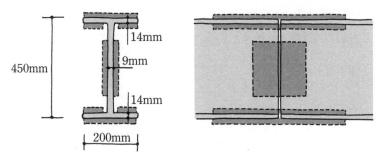

[フランジについて]

SN400B の許容引張応力度 f_t ＝（　　　　　）N/mm²

フランジの断面積 A_f ＝ $\left(\text{計算式}\qquad\qquad\right)$ ＝（　　　　　）mm²

許容引張力 N_f ＝ $\left(\text{計算式}\qquad\qquad\right)$ ＝（　　　　　）N ＝（　　　　）kN

高力ボルト 1 本あたりの許容せん断力 R_s ＝（　　　　　）kN（➡ 📖 p.192 ［付録 10］）

フランジの高力ボルト本数 n_f を決める。

$n_f \geqq \left(\begin{array}{c}\text{計算式}\\\\\end{array}\right)$ ＝（　　　　）本 ⇒ $\underline{n_f=（\qquad）本}$ とする。

[ウェブについて]

SN400B の許容せん断応力度 $f_s = ($ $)$ N/mm²

ウェブの断面積 $A_w = ($ ^{計算式} $) = ($ $)$ mm²

許容せん断力 $Q = ($ ^{計算式} $) = ($ $)$ N $= ($ $)$ kN

ウェブの高力ボルト本数 n_w を決める。

$n_w \geq \left(^{計算式} \right) = ($ $)$ 本 $\Rightarrow$ <u>$n_w = ($ $)$ 本</u> とする。

⑸ 仕口（溶接）の検討

仕口について存在応力に対する安全性を検討してみよう。

図中に存在応力を書き込む。

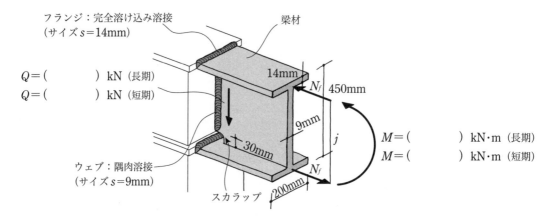

フランジ：完全溶け込み溶接
（サイズ $s=14$mm）

梁材

$Q = ($ $)$ kN（長期）

$Q = ($ $)$ kN（短期）

ウェブ：隅肉溶接
（サイズ $s=9$mm）

スカラップ

14mm N_f 450mm

9mm j

30mm N_f 200mm

$M = ($ $)$ kN·m（長期）

$M = ($ $)$ kN·m（短期）

[フランジについて（完全溶け込み溶接）]

フランジに生じる引張力（圧縮力）N_f を求める。

フランジの中心間距離 $j = ($ ^{計算式} $) = ($ $)$ mm

N_f（長期）$= \left(^{計算式} \right) = ($ $)$ N $= ($ $)$ kN

N_f（短期）$= \left(^{計算式} \right) = ($ $)$ N $= ($ $)$ kN

完全溶け込み溶接の有効断面積 A を求める。

有効のど厚 $a = ($ $)$ mm

有効長さ $l = ($ $)$ mm

有効断面積 $A = ($ ^{計算式} $) = ($ $)$ mm²

溶接の有効断面に生じる引張・圧縮応力度 σ を求め、σ と溶接継ぎ目の許容引張応力度 📖 p.192 の［付録 11］とを比較して安全性を検討する。

σ（長期）$= \left(\begin{smallmatrix}\text{計算式}\end{smallmatrix}\right.$ $\left.\right) = ($ 　 $)$ N/mm² 　$\boxed{}^{\text{不等号}}$ 　f_t（長期）$= ($ 　 $)$ N/mm²

$\Rightarrow$ 　OK 　・ 　NG

σ（短期）$= \left(\begin{smallmatrix}\text{計算式}\end{smallmatrix}\right.$ $\left.\right) = ($ 　 $)$ N/mm² 　$\boxed{}^{\text{不等号}}$ 　f_t（短期）$= ($ 　 $)$ N/mm²

$\Rightarrow$ 　OK 　・ 　NG

［ウェブについて（両面隅肉溶接）］

図中に寸法を書き込む。

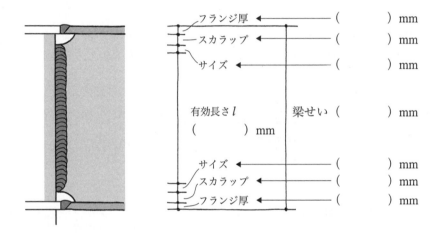

フランジ厚 ◄ーーー（　　　　）mm
スカラップ ◄ーーー（　　　　）mm
サイズ ◄ーーー（　　　　）mm

有効長さ l 　　　梁せい（　　　　）mm
（　　　　）mm

サイズ ◄ーーー（　　　　）mm
スカラップ ◄ーーー（　　　　）mm
フランジ厚 ◄ーーー（　　　　）mm

隅肉溶接の有効断面積 A を求める。

有効のど厚 $a = \left(\begin{smallmatrix}\text{計算式}\end{smallmatrix}\right.$ $\left.\right) = ($ 　 $)$ mm

有効長さ $l \quad = \left(\begin{smallmatrix}\text{計算式}\end{smallmatrix}\right.$ $\left.\right) = ($ 　 $)$ mm

有効断面積 $A = 2$ 面 $\times \left(\begin{smallmatrix}\text{計算式}\end{smallmatrix}\right.$ $\left.\right) = ($ 　 $)$ mm²

溶接の有効断面に生じるせん断応力度 τ を求め、τ と溶接継ぎ目の許容せん断応力度 📖 p.192 の［付録 11］とを比較して安全性を検討する。

τ（長期）$= \left(\begin{smallmatrix}\text{計算式}\end{smallmatrix}\right.$ $\left.\right) = ($ 　 $)$ N/mm² 　$\boxed{}^{\text{不等号}}$ 　f_s（長期）$= ($ 　 $)$ N/mm²

$\Rightarrow$ 　OK 　・ 　NG

τ（短期）$= \left(\begin{smallmatrix}\text{計算式}\end{smallmatrix}\right.$ $\left.\right) = ($ 　 $)$ N/mm² 　$\boxed{}^{\text{不等号}}$ 　f_s（短期）$= ($ 　 $)$ N/mm²

$\Rightarrow$ 　OK 　・ 　NG

4
まとめ

【構造力学　層間変位】

　ここでは、層間変形角の算定に必要な**層間変位**の算定法について学習します。問題を簡潔にするため、梁は剛体（変形しない部材）として扱います。下図のように建築物の力と変形の関係は、バネなどと同じように「**フックの法則**」が成り立ちます。水平力に対する柱の水平方向のかたさを**水平剛性 K**（kN/mm）といいます。

　フックの法則より**水平変位 δ**（mm）は式 A のように表すことができます。

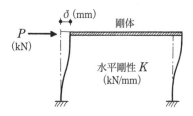

$$P = K \cdot \delta \quad （フックの法則）$$
$$\Rightarrow \quad \boxed{\delta = \frac{P}{K}} \quad \cdots\cdots 式A$$

　下図のように多層建築物になったときの各層の水平変位を**層間変位 δ_i**（下添え字の i は層の番号を表す）といいます。図中 δ_1 が1層目の層間変位、δ_2 が2層目の層間変位を表しています。

$$\delta_2 = \frac{Q_2}{K_2} = \frac{P_2}{K_2}$$
$$\delta_1 = \frac{Q_1}{K_1} = \frac{P_1 + P_2}{K_1}$$

　層間変位 δ_i は各層に作用する**層せん断力 Q_i** によって式 B のように求めることができます。層せん断力 Q_i はその層より上層に作用する水平力 P_i の合計になります。したがって、最下層の層せん断力 Q_1 が最も大きくなります。

$$層間変位 \, \delta_i = \frac{Q_i}{K_i} \quad \cdots\cdots 式B$$

問題1　柱の水平剛性 K（kN/mm）は、柱の長さ h（mm）、ヤング係数 E（N/mm²）、断面2次モーメント I（mm⁴）で決まります。水平力を受ける柱の変形を描き、柱の**水平剛性 K** の公式を書いてみましょう。（→ 📖 p.165）

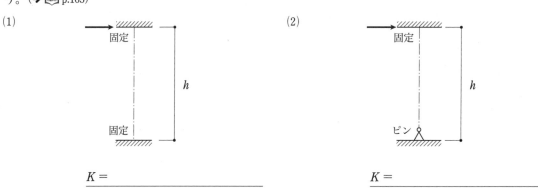

(1)
固定
固定
h

$K =$ _____

(2)
固定
ピン
h

$K =$ _____

問題2 次の柱（□－200×200×9　SN400B）を使って、水平力 P、水平剛性 K、水平変位 δ の関係を考察してみよう。

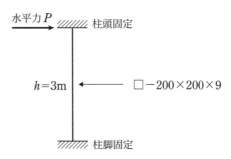

水平力 P ////// 柱頭固定

$h=3\text{m}$ ← □－200×200×9

////// 柱脚固定

(1) 次の数量を書き出しておこう。

　　ヤング係数 $E=$（　　　　　　）$\times 10^5\text{N/mm}^2$（→ 📖 p.73 1行目）

　　断面2次モーメント $I=$（　　　　　　）$\times 10^4\text{mm}^4$　（→ 📖 p.196［付録14］）

　　柱の長さ $h=$（　　　　　）mm

(2) **問題1**(1)の公式を使って、柱の水平剛性 K（kN/mm）を求めてみよう。

(計算式)

$$K=\underline{\hspace{5cm}}\text{kN/mm}$$

(3) この柱が水平力 $P=36.4\text{kN}$ を受けるときの柱の水平変位 δ（mm）を求めてみよう。

(計算式)

$$\delta=\underline{\hspace{5cm}}\text{mm}$$

例題1 次の2層建築物（1層の水平剛性 $K_1=5\text{kN/m}$、2層の水平剛性 $K_2=5\text{kN/m}$）について、各層の層間変位 δ_1、δ_2 を求めてみましょう。ただし、梁は剛体とします。

【解　答】

①各層の層せん断力 Q_1、Q_2 を求めます。

各層より上にある水平力の合計が層せん断力 Q_i になるので

　　$Q_2=10\text{kN}$

　　$Q_1=5\text{kN}+10\text{kN}=15\text{kN}$

②「フックの法則」より　$\delta_i=\dfrac{Q_i}{K_i}$ で各層の層間変位を求めます。

　　$\delta_2=\dfrac{10\text{kN}}{5\text{kN/mm}}=\underline{2\text{mm}}$

　　$\delta_1=\dfrac{15\text{kN}}{5\text{kN/mm}}=\underline{3\text{mm}}$

10kN →

$K_2=5\text{kN/mm}$

5kN →

$K_1=5\text{kN/mm}$

問題3 図のような水平力が作用する2層建築物（1層の水平剛性 $K_1 = 10$kN/mm、2層の水平剛性 K_2 = 5kN/mm）において、1層の層間変位 δ_1 と2層の層間変位 δ_2 との比を求めなさい。ただし、梁は剛体とします。

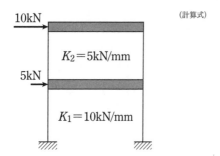

（計算式）

$$\delta_1 : \delta_2 = \quad : \quad$$

問題4 図のような水平力を受ける3層建築物において、1層目の水平剛性 K_1 を18kN/mm としました。このとき、各層の層間変位が等しくなるように2層目、3層目の水平剛性 K_2、K_3 を定めなさい。ただし、梁は剛体とします。

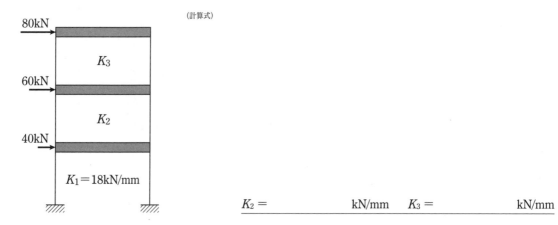

（計算式）

$K_2 = \underline{\qquad}$ kN/mm　　$K_3 = \underline{\qquad}$ kN/mm

　この問題は、「多層建築物の場合、各層の層間変位（**層間変形角**）を同程度にすることが耐震上望ましい」ことを表しています。

問題5 下図の建物（鉄骨構造）について、層間変位 δ_i（mm）を求める過程に関する問題です。ただし、梁は剛体とします。

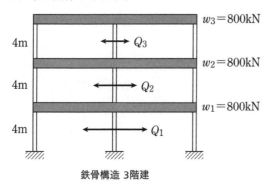

鉄骨構造 3階建

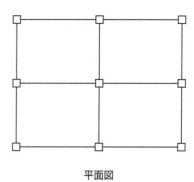

平面図

(1) 次の空欄を埋め、地震層せん断力 Q_i を求めなさい。

建設地：京都市　⇒　地震地域係数 $Z =$ （　　　　　　）

設計用1次固有周期 $T =$ （^{計算式}　　　　　　　　）＝（　　　　　）秒

地　盤：第2種　⇒　$R_t =$ （　　　　　）　　　　標準せん断力係数　$C_0 = 0.2$（中地震想定）

i 層	w_i	W_i	A_i	C_i $(= Z \times R_t \times A_i \times C_0)$	Q_i $(= C_i \times W_i)$
3	800 kN	kN	1.48		kN
2	800 kN	kN	1.19		kN
1	800 kN	kN	1.00		kN

(2) 次の空欄を埋め、各階の**水平剛性** K（kN/mm）を求めなさい。

ヤング係数 $E = 2.05 \times 10^5 \mathrm{N/mm^2}$　である。　各層の柱の本数は（　　　　　）本である。

	柱に使用する角形鋼管	断面2次モーメント	各層の水平剛性 K	
3	□ － 250 × 250 × 12	mm⁴	N/mm　＝	kN/mm
2	□ － 300 × 300 × 12	mm⁴	N/mm　＝	kN/mm
1	□ － 350 × 350 × 12	mm⁴	N/mm　＝	kN/mm

（断面2次モーメントの値については 📖 p.196 の ［付録14］参照）

(3) 各層の**層間変位** δ_i（mm）$= \dfrac{Q_i}{K_i}$ を求めなさい。

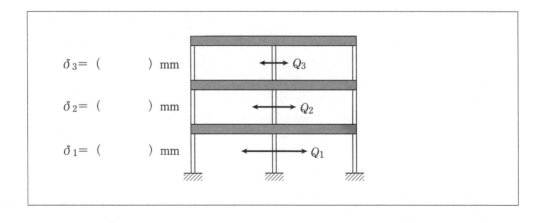

問題1 2次設計の流れを確認しておこう。図の（ ）内に適切な語句を記入しなさい。 （→ TEXT p.34）

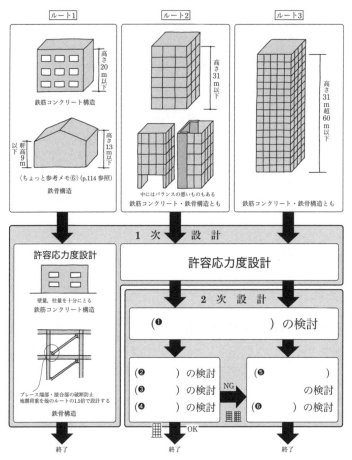

ルート1	ルート2	ルート3

高さ20m以下
鉄筋コンクリート構造

軒高9m以下 高さ13m以下
〈ちょっと参考メモ⑥〉(p.114 参照)
鉄骨構造

高さ31m以下
中にはバランスの悪いものもある
鉄筋コンクリート・鉄骨構造とも

高さ31m超60m以下
鉄筋コンクリート・鉄骨構造とも

1 次 設 計

許容応力度設計

壁量，柱量を十分にとる
鉄筋コンクリート構造

ブレース端部・接合部の破断防止
地震荷重を他のルートの1.5倍で設計する
鉄骨構造

許容応力度設計

2 次 設 計

（❶　　　　　　　　　　　　）の検討

（❷　　　　　　）の検討
（❸　　　　　　）の検討
（❹　　　　　　）の検討

NG →

（❺　　　　　　　　　）の検討
（❻　　　　　　）の検討

OK

終了　　　終了　　　終了

問題2 2次設計での検討事項に関する文章中（ ）内に適切な語句を ［ ］内に適切な数値を記入しなさい。（→ TEXT p.163 ～ 169）

(1) **層間変形角**：1次設計（許容応力度設計）において、比較的頻度の高い（❶　　　　　　）地震によって構造物自体に損傷が起こらないことを確認しても、建築物に大きな（❷　　　　　　　）が生じると変形しにくいガラス、タイルなどの（❸　　　　　　　）材、あるいは（❹　　　　　　　　）などに損傷が発生してしまいます。そのような不具合の発生を防ぐために層間変形角が検討されるのです。

検討式：層間変形角 ≦ 1／［❺　　　　　］

(2) **剛性率**：建築物各層に水平方向の（❻　　　　　　　）のばらつきがあると、地震の際、（❼　　　　　　　）層に変形が集中し、建築物崩壊の原因となります。剛性率の検討は、各層の（❽　　　　　　　）のばらつきを評価し、地震時の揺れに無理がないかどうかを判定することを目的としています。

検討式：剛性率 ≧ ［❾　　　　　］

構造部材が無傷でも内外装材・設備が損傷してはならない

中小地震
層間変形角の検討目的

柔らかい層の崩壊
柔らかい層
無理な揺れ方（各層のかたさのばらつき大）

(3) 偏心率：平面上には重さの心「(⑩　　　)心」とかたさの心「(⑪　　　)心」があり、それら2つの心の間の距離を「(⑫　　　)距離」といいます。偏心率の検討は、平面上の (⑬　　　　　　) の偏りを評価することによって、地震時に過度の (⑭　　　　　　) 振動が発生しないかどうかを判定することを目的にしています。

検討式：偏心率　≦　[⑮　　　　　]

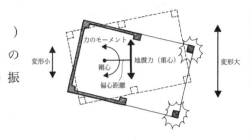

偏心にともなうねじれ振動

例題1　図の建築物について、層間変形角を検討しなさい。
(➡ TEXT p.164 例題 5・1)

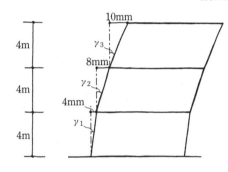

【解　答】
　TEXT p.163 の式5-1にしたがって各層の層間変形角 γ_i を算出します。各層の層間変形角と制限値とを比較して安全性を検討します。

$$\gamma_3 = \frac{\delta_3}{h_3} = \left(\begin{matrix}①\end{matrix}\right) = \left(\begin{matrix}②\end{matrix}\right)$$
不等号 ③ 制限値 (④　　　) ⇒ ⑤ OK ・ NG

$$\gamma_2 = \frac{\delta_2}{h_2} = \left(\begin{matrix}⑥\end{matrix}\right) = \left(\begin{matrix}⑦\end{matrix}\right)$$
不等号 ⑧ 制限値 (⑨　　　) ⇒ ⑩ OK ・ NG

$$\gamma_1 = \frac{\delta_1}{h_1} = \left(\begin{matrix}⑪\end{matrix}\right) = \left(\begin{matrix}⑫\end{matrix}\right)$$
不等号 ⑬ 制限値 (⑭　　　) ⇒ ⑮ OK ・ NG

例題2　例題1の建物について剛性率を検討しなさい。(➡ TEXT p.167 例題 5・2)

手順1　層間変形角 γ_i の逆数より各層のかたさの程度 r_i を求めます.

$$r_1 = \frac{1}{\gamma_1} = \left(\begin{matrix}①\end{matrix}\right) \qquad r_1 = \frac{1}{\gamma_2} = \left(\begin{matrix}②\end{matrix}\right) \qquad r_1 = \frac{1}{\gamma_3} = \left(\begin{matrix}③\end{matrix}\right)$$

手順2　r_i の平均値 $\bar{r}$ を求めます。

$$\bar{r} = \frac{r_1 + r_2 + r_3}{3} = \left(\begin{matrix}④\end{matrix}\right) = \left(\begin{matrix}⑤\end{matrix}\right)$$

手順3　$r_i / \bar{r}$ より剛性率 R_i を求め、制限値と比較します。

$$R_3 = \frac{r_3}{\bar{r}} = \left(\begin{matrix}⑥\end{matrix}\right) = \left(\begin{matrix}⑦\end{matrix}\right)$$
不等号 ⑧ 制限値 (⑨　　　) ⇒ ⑩ OK ・ NG

$$R_2 = \frac{r_2}{\bar{r}} = \left(\begin{matrix}⑪\end{matrix}\right) = \left(\begin{matrix}⑫\end{matrix}\right)$$
不等号 ⑬ 制限値 (⑭　　　) ⇒ ⑮ OK ・ NG

$$R_1 = \frac{r_1}{\bar{r}} = \left(\begin{matrix}⑯\end{matrix}\right) = \left(\begin{matrix}⑰\end{matrix}\right)$$
不等号 ⑱ 制限値 (⑲　　　) ⇒ ⑳ OK ・ NG

5
2次設計

問題3 中地震を受ける図の3層構造物（地震層せん断力 Q_i）について次の問いに答えなさい。

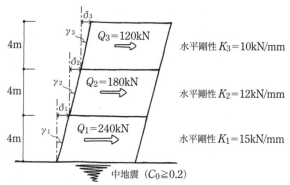

4m　δ_3　γ_3　$Q_3=120\text{kN}$　水平剛性 $K_3=10\text{kN/mm}$

4m　δ_2　γ_2　$Q_2=180\text{kN}$　水平剛性 $K_2=12\text{kN/mm}$

4m　δ_1　γ_1　$Q_1=240\text{kN}$　水平剛性 $K_1=15\text{kN/mm}$

中地震（$C_0 \geqq 0.2$）

(1) 各階の層間変位量 δ_i、層間変形角 γ_i を求め、OK・NG を判断しなさい。

層	階高 h_i	層間変位 δ_i	層間変形角 γ_i	判　定
3	mm	mm	1／	OK ・ NG
2	mm	mm	1／	OK ・ NG
1	mm	mm	1／	OK ・ NG

(2) 各階の剛性率 R_i を求め、OK・NG を判断しなさい。

層	層間変形角の逆数 $1/\gamma_i$	$1/\gamma_i$ の平均値	剛性率 R_i	判　定
3				OK ・ NG
2				OK ・ NG
1				OK ・ NG

問題4 次の文章で、正しいものには○、誤っているものには×を付けなさい。

層間変形角

(1) （　　）各階における層間変形角の値は、1次設計用地震力に対し、1/200以内になるようにする。

(2) （　　）3階建の建築物において1階に十分な量の耐力壁を配置したので、2階及び3階においても、1階と同程度の層間変形角になるように耐力壁を配置した。

(3) （　　）地震力によって生じる各階の層間変形角の差が大きくなると耐震上有利である。

剛性率

(4) （　　）建築物の各階の剛性率は「各階における層間変形角の逆数」を「すべての階の層間変形角の逆数の相加平均の値」で除した値とする。

(5) （　　）建築物の地上部分について、高さ方向の剛性分布のバランスの検討において、各階の剛性率が6/10以下であることを確認した。

偏心率

(6) （　　）建築物の偏心率は、計算する方向について、各階の偏心距離を当該階の弾力半径で除した値である。

(7) （　　）建築物の各階における重心と剛心との距離ができるだけ大きくなるように耐力壁を配置した。

(a) のような左右に耐力壁をもつ建築物において、耐力壁を (b) のように 2 本のバネに置き換えて偏心率について考察してみよう。(→ 📖 p.170 ～ 172)

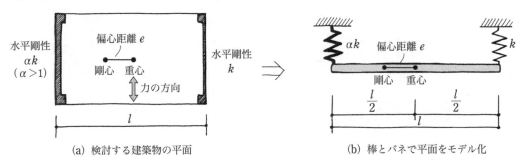

(a) 検討する建築物の平面　　　　　(b) 棒とバネで平面をモデル化

(1) 吊るされた太さ一定の棒（全長 500mm）を鉛直下向きに押し下げたとき、棒が水平を保ちながら下がっていく点（**剛心**）の点 A からの距離 x を求めなさい。

ただし、左バネのバネ定数 $k_A = 28\text{N/mm}$、右バネのバネ定数 $k_B = 22\text{N/mm}$ とする。

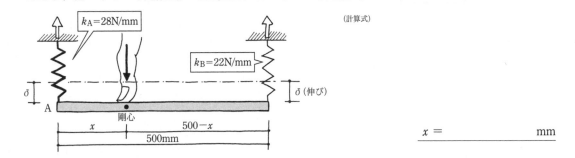

(計算式)

$$x = \underline{\hspace{6cm}} \text{mm}$$

(2) **偏心距離** e を求めなさい。

(計算式)

$$偏心距離\ e = \underline{\hspace{6cm}} \text{mm}$$

(3) ねじり剛性 K_r を求めなさい（$K_r =$ バネ定数 × 剛心からバネまでの距離^2 の合計）。

(計算式)

$$ねじり剛性\ K_r = \underline{\hspace{6cm}} \text{N·mm}$$

(4) 弾力半径 r_e を求めなさい（$r_e =$（ねじり剛性 K_r ／バネ定数の合計）の平方根）。

(計算式)

$$弾力半径\ r_e = \underline{\hspace{6cm}} \text{mm}$$

(5) 偏心率 R_e（$R_e =$ 偏心距離／弾力半径）を求め規定に適合しているかを検討しなさい。

(計算式)

不等号

偏心率 $R_e = $ ☐ 規定値（　　）OK・NG

5
2次設計

【構造力学　全塑性モーメント、崩壊荷重】

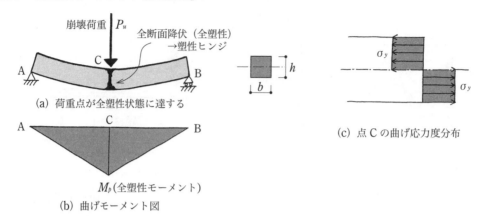

(a) 荷重点が全塑性状態に達する

(b) 曲げモーメント図

(c) 点Cの曲げ応力度分布

全塑性モーメント

$$M_p = Z_p \cdot \sigma_y \qquad \left(Z_p = \frac{bh^2}{4} \right)$$

ここで、Z_p：塑性断面係数 （mm³）

σ_y：降伏応力度 （N/mm²）

問題1 次の片持ち梁の崩壊荷重 P_u を求めなさい。ただし、降伏応力度 $\sigma_y = 150\text{N/mm}^2$ とする。

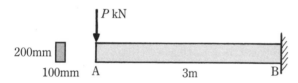

(1) 全塑性モーメント M_p を求めなさい。

(計算式)

$M_p =$ ＿＿＿＿＿＿＿＿＿＿ kN·m

(2) 曲げモーメント図を描き、**最大曲げモーメント** M_{max} を求めなさい。

A ————————————— B

曲げモーメント図

$M_{max} =$ ＿＿＿＿＿＿＿＿＿＿ kN·m

(3) 最大曲げモーメントが全塑性モーメントに達するとき、梁は崩壊します。このことから、**崩壊荷重** P_u を求め、崩壊状態（崩壊機構）を描きなさい。

(計算式)

崩壊機構

$P_u =$ ＿＿＿＿＿＿＿＿＿＿ kN

例題 1 図の鉄筋コンクリート梁の終局曲げモーメント M_u を求めなさい。

鉄筋は SD345 を使用します。鉄筋の降伏応力度 $\sigma_y = 345\text{N/mm}^2$ です。（→ 📖 p.176 **例題 5・4**）

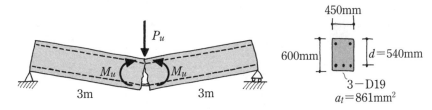

450mm

600mm　$d=540\text{mm}$

3−D19
$a_t=861\text{mm}^2$

P_u

M_u　M_u

3m　　3m

終局曲げモーメント $M_u = a_t \times \sigma_y \times j$ （$j = 0.9d$）より

（計算式）❶

$$\underline{M_u = ❷ \hspace{6cm}} \text{kN·m}$$

問題 2 **例題 1** について、図のように梁の長さが 6m のとき、崩壊荷重 P_u (kN) を求めなさい。

（計算式）

$$\underline{P_u = \hspace{7cm}} \text{kN}$$

例題 2 図の鉄骨梁の全塑性モーメント M_p を求めなさい。ただし、横座屈は生じないものとします。

梁材は H − 400 × 200 × 8 × 13（SN400B）、降伏応力度 $\sigma_y = 235\text{N/mm}^2$ です。（→ 📖 p.177 **例題 5・5**）

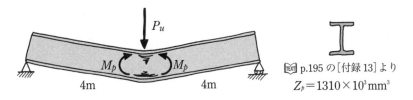

P_u

M_p　M_p

4m　　4m

📖 p.195 の［付録 13］より
$Z_p = 1310 \times 10^3 \text{mm}^3$

全塑性モーメント $M_p = Z_p \times \sigma_y$ より

（計算式）❶

$$\underline{M_p = ❷ \hspace{6cm}} \text{kN·m}$$

問題 3 **例題 2** について、図のように梁の長さ 8m のとき、崩壊荷重 P_u (kN) を求めなさい。

（計算式）

$$\underline{P_u = \hspace{7cm}} \text{kN}$$

例題 3 1層ラーメン構造が図のように崩壊する場合、保有水平耐力 Q_{ua}、Q_{ub} を求めなさい。

（→ 📖 p.178 **例題 5·6** ）

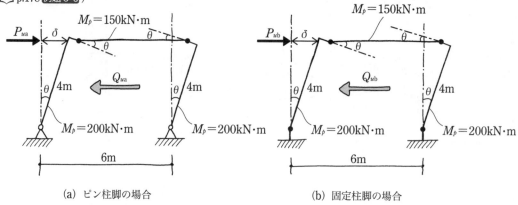

(a) ピン柱脚の場合   (b) 固定柱脚の場合

| 外力のなす仕事 ＝ 内力のなす仕事 | であることより、**崩壊荷重** P_u を求めます。

(a) （計算式） **❶**

$$\underline{\qquad P_{ua} = Q_{ua} = ❷ \qquad\qquad\qquad} \text{kN}$$

(b) （計算式） **❸**

$$\underline{\qquad P_{ua} = Q_{ub} = ❹ \qquad\qquad\qquad} \text{kN}$$

問題 4 次の文章の（ ）内に適切な語句を記入し、文章の内容から (a)(b) どちらの崩壊機構が望ましいかを答えなさい。

「内力の仕事とは（**❶**　　　　）エネルギーであり、塑性ヒンジを（**❷**　　　　）く形成することができるほど、内力の仕事は大きくなり、保有水平耐力も（**❸**　　　　）なる。結果、崩壊し（**❹**　　　　）構造物となる。」

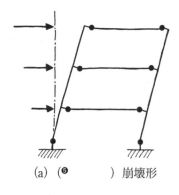

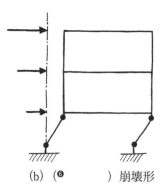

(a) (**❺**　　　　) 崩壊形   (b) (**❻**　　　　) 崩壊形

望ましいのは

$$\underline{\text{(a)} \quad \cdot \quad \text{(b)}}$$

問題5 次のラーメンに関する問題です。

梁：H − 400 × 200 × 8 × 13（SN400B）

柱：H − 400 × 400 × 13 × 21（SN400B）

SN400B 材の降伏応力度 $\sigma_y =$ 235N/mm² である。

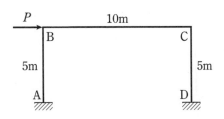

(1) 梁の全塑性モーメント M_{pB}、柱の全塑性モーメント M_{pC} を求めなさい。

ただし、梁・柱とも強軸側で使用する。

梁の塑性断面係数 $Z_{pB} =$ （　　　　　　　　　）$\times 10^3$mm³ 　（TEXT p.194 ～ 195 の［付録 13］より Z_{px} を調べる）

柱の塑性断面係数 $Z_{pC} =$ （　　　　　　　　　）$\times 10^3$mm³

(計算式)

$M_{pB} =$ _____ kN・m 　　　 $M_{pC} =$ _____ kN・m

(2) 崩壊機構を描きなさい。

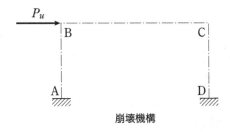

崩壊機構

(3) 崩壊荷重 P_u（kN）を求めなさい。

(計算式)

$P_u =$ _____ kN

【構造力学　保有水平耐力】

問題1　次のラーメンの崩壊状態の図（崩壊機構）を描き、崩壊荷重 P_u（保有水平耐力）を求めなさい。ただし、柱の全塑性モーメント $M_P = 500\text{kN·m}$、梁の全塑性モーメント $M_P = 400\text{kN·m}$ である。

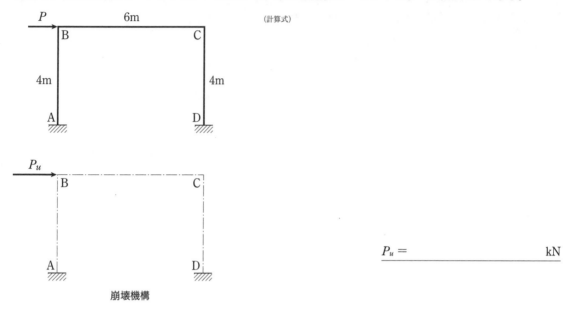

（計算式）

$$P_u = \text{kN}$$

崩壊機構

問題2　図に2層骨組の崩壊機構（全体崩壊形）を示す。このときの P の値と1層・2層の保有水平耐力 Q_{u1}、Q_{u2} を次の手順にしたがって求めなさい。ただし、梁の全塑性モーメント $= 400\text{kN·m}$、柱の全塑性モーメント $= 600\text{kN·m}$ である。

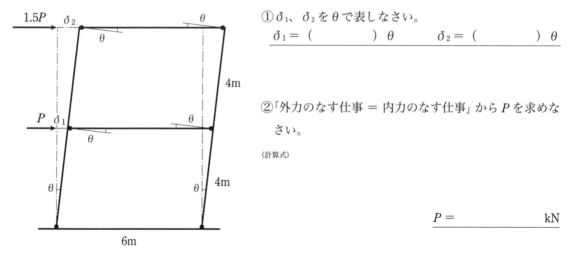

①δ_1、δ_2 を θ で表しなさい。

$$\delta_1 = () \theta \qquad \delta_2 = () \theta$$

②「外力のなす仕事 ＝ 内力のなす仕事」から P を求めなさい。

（計算式）

$$P = \text{kN}$$

③保有水平耐力とは、「構造物が崩壊機構を形成したときの層せん断力」であり、

$$Q_{u1} = P + 1.5P \qquad Q_{u2} = 1.5P \quad \text{である。} Q_{u1}、Q_{u2} \text{を求めなさい。}$$

（計算式）

$$Q_{u1} = \text{kN} \qquad Q_{u2} = \text{kN}$$

問題3 保有水平耐力の検討に関する文中（　）内に適切な語句を、[　]内に適切な数値を記入しなさい。（→ TEXT p.179〜180）

保有水平耐力の検討では

保有水平耐力　（❶不等号　　　　　）　必要保有水平耐力

であることを検討する。上式を満たせば、（❷　　　）地震に対して構造体は（❸　　　）をまぬがれると考えることができる。

必要保有水平耐力 Q_{un} ＝（❹記号　　　　）×（❺記号　　　　）×（❻記号　　　　）

D_s：（❼　　　　　　　　）係数

　　構造体の減衰性、（❽　　　）を考慮した（❾　　　）係数
　　鉄骨構造で［❿　　　　］〜0.5 以上
　　鉄筋コンクリート構造で［⓫　　　　　］〜0.55 以上

F_{es}：（⓬　　　　　　）係数　$F_s \cdot F_e$ によって表される（⓭　　　　）係数

　　F_s：（⓮　　　　）率に応じた値
　　F_e：（⓯　　　　）率に応じた値

Q_{ud}：（⓰　　　）地震による（⓱　　　　　　　　　　）であり、$C_0 \geqq$［⓲　　　　　］とする。

問題4 次の文章で、正しいものには○、誤っているものには×を付けなさい。

保有水平耐力

(1)（　　）我が国の耐震規定は、人命の確保を前提としており、極めて大きな地震動に対しても、構造体を弾性範囲にとどめるように設計する。

(2)（　　）保有水平耐力 Q_u は、構造体が崩壊機構を形成するときの層せん断力である。

(3)（　　）保有水平耐力の算定において、外力分布は、地震層せん断力係数の高さ方向の分布を表す係数 A_i に基づいて設定した。

(4)（　　）1層1スパンのラーメン架構の場合、梁の全塑性モーメントより柱の全塑性モーメントを大きくすれば、塑性ヒンジは柱側に生じる。

必要保有水平耐力

(5)（　　）構造体の靭性能が高いほど、構造特性係数 D_s の値は小さな値になる。

(6)（　　）構造体の靭性能が低かったので、構造特性係数 D_s の値を1より大きな値にした。

(7)（　　）偏心率が規定値を上回っていたので、形状係数で必要保有水平耐力を割増した。

(8)（　　）剛性率、偏心率ともに規定値を満たしていたので、形状係数を1より小さい値にした。

(9)（　　）必要保有水平耐力を算出するときの標準せん断力係数 C_0 の値を 0.3 とした。

(10)（　　）必要保有水平耐力を算出するときの Q_{ud} は大地震時の地震層せん断力である。

例題 1 図の鉄骨ラーメン構造について保有水平耐力の検討をしなさい。

この構造体は ルート 2 をたどってきたもので、剛性率は制限値をクリアしたが偏心率の検討で制限値をクリアできませんでした。塑性変形能力は高い構造です。(→ 📖 p.180 ～ 182 **例題 5・7**)

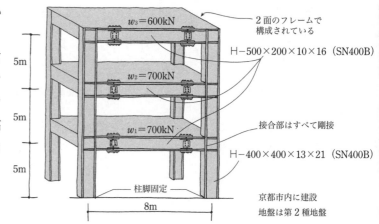

$w_3 = 600$kN

2面のフレームで構成されている

H－500×200×10×16（SN400B）

$w_2 = 700$kN

$w_1 = 700$kN

接合部はすべて剛接

H－400×400×13×21（SN400B）

柱脚固定

5m / 5m / 5m / 8m

京都市内に建設
地盤は第2種地盤

手順 1 諸条件より必要な係数を定める。各階とも次の値を使う。

　構造特性係数 $D_s = 0.25$

　　形状係数 $F_{es} = 1.5$

　　　（注意）D_s、F_{es} は各階ごとに決める値である。本問では問題を簡単にするためすべての階について同じ値を使っている。

　京都市に建設されるので、地震地域係数 $Z =$（❶　　　　）　　　　　　　　　　　　（→ 📖 p.60 図 2・34）

　　標準せん断力係数 $C_0 = 1.0$

　　　構造物の高さ $h =$（❷　　　　）m より

　　　　設計用 1 次固有周期 $T =$（❸計算式　　　　　　　　　　　）＝（❹　　　　　）秒

　地盤は第2種地盤より（→ 📖 p.62 図 2・37）　⇒　$R_t =$（❺　　　　　）

手順 2 必要保有水平耐力を算定する。

	W_i (kN)	α_i	A_i	C_i	Q_{ud} (kN)	Q_{un} (kN)
3						
2						
1						

手順 3 部材の全塑性モーメント M_p を求めます。SN400B の降伏応力度 $\sigma_y = 235$N/mm²

　梁：H － 500 × 200 × 10 × 16

　　塑性断面係数 $Z_p =$（❻　　　　　）× 10³mm³　（📖 p.194 ～ 195 の［付録 13］より）

　　$M_p =$（❼計算式　　　　　　　　　　）＝（❽　　　　）× 10⁶N・mm ＝（❾　　　　　）kN・m

　柱：H － 400 × 400 × 13 × 21

　　塑性断面係数 $Z_p =$（❿　　　　　）× 10³mm³　（📖 p.194 ～ 195 の［付録 13］より）

　　$M_p =$（⓫計算式　　　　　　　　　　）＝（⓬　　　　）× 10⁶N・mm ＝（⓭　　　　　）kN・m

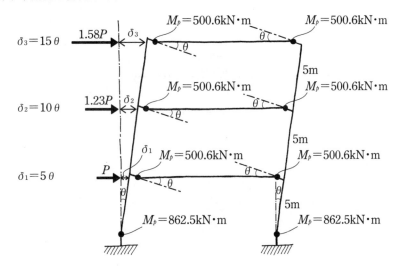

(計算式) ⓮

$$P = ⓯ \underline{\hspace{6cm}} \text{kN}$$

各層の保有水平耐力 Q_u を求める。

$Q_{u3} = ($ ⓰計算式 $\hspace{4cm}) = ($ ⓱ $\hspace{1.5cm})$ kN

$Q_{u2} = ($ ⓲計算式 $\hspace{4cm}) = ($ ⓳ $\hspace{1.5cm})$ kN

$Q_{u1} = ($ ⓴計算式 $\hspace{4cm}) = ($ ㉑ $\hspace{1.5cm})$ kN

手順5 保有水平耐力と必要保有水平耐力とを比較し、大地震に対する安全性を検討する。

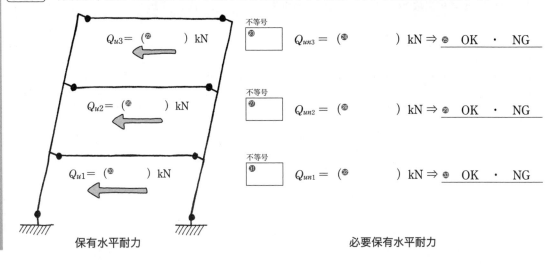

保有水平耐力　　　　　　　　　　　　　必要保有水平耐力

問題1 中地震時、構造物が下図のように変形しました。このとき次の問いに答えなさい。

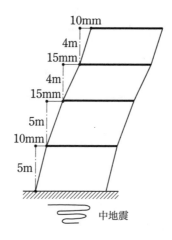

(1) 各階の層間変位量 δ_i、層間変形角 γ_i を求め、OK・NG を判断しなさい。

層	階高 h_i	層間変位 δ_i	層間変形角 γ_i	判 定
4	mm	mm	1／	OK ・ NG
3	mm	mm	1／	OK ・ NG
2	mm	mm	1／	OK ・ NG
1	mm	mm	1／	OK ・ NG

(2) 各階の剛性率 R_i を求め、OK・NG を判断しなさい。

層	層間変形角の逆数 $1/\gamma_i$	$1/\gamma_i$ の平均値	剛性率 R_i	判 定
4				OK ・ NG
3				OK ・ NG
2				OK ・ NG
1				OK ・ NG

問題2 次のラーメン崩壊荷重に関する問題です。

梁：H－350×175×7×11（SN400B）

柱：H－350×350×12×19（SN400B）

SN400B 材の降伏応力度 $\sigma_y = 235\text{N/mm}^2$ である。

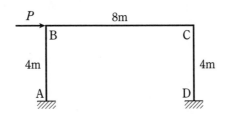

(1) 梁・柱の全塑性モーメント M_{pB} と M_{pC} を求めなさい。ただし、梁・柱とも強軸側で使用する。

梁の塑性断面係数 $Z_{pB} =$ （ ） $\times 10^3\text{mm}^3$ 📖 p.194～195 の［付録13］より Z_{px} を調べる

柱の塑性断面係数 $Z_{pC} =$ （ ） $\times 10^3\text{mm}^3$

（計算式）

$M_{pB} =$ _____ kN·m　　$M_{pC} =$ _____ kN·m

(2) 崩壊機構を描きなさい。

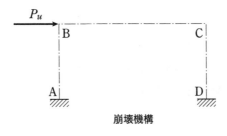

崩壊機構

(3) 崩壊荷重 P_u（kN）を求めなさい。

（計算式）

$P_u =$ _____ kN

問題3 次の 2 層（2 フレーム）鉄骨構造物について、保有水平耐力の検討を行いなさい。

(1) **必要保有水平耐力**（Q_{un}）を求めなさい。

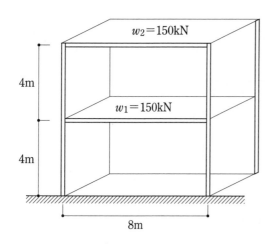

2 階・R 階梁：H － 250 × 125 × 6 × 9
（強軸側で使用する）

1・2 階柱：H － 200 × 200 × 8 × 12
（強軸側で使用する）

【条　件】

建設地：京都市　　　　　　地盤：第 2 種地盤

構造特性係数 $D_s = 0.30$（1・2 層とも）　　　形状係数 $F_{es} = 1.5$（1・2 層とも）

地震地域係数 $Z = ($　　　　$)$　　　　標準せん断力係数 $C_0 = 1.0$

構造物の高さ　＝ $($　　　$)$ m　⇒　設計用 1 次固有周期 $T = ^{(計算式}$　　　　　$)= ($　　$)$ 秒

振動特性係数 $R_t = ($　　　　　$)$

層	W_i	A_i	$C_i = Z \cdot R_t \cdot A_i \cdot C_0$	Q_{ud}	$Q_{un} = D_s \cdot F_{es} \cdot Q_{ud}$
2	kN	1.26		kN	kN
1	kN	1.00		kN	kN

　　ここからは**保有水平耐力**（Q_u）を求めていきます。

(2) 柱材（H － 200 × 200 × 8 × 12（SN400B））の全塑性モーメント M_p を求めなさい。

　　SN400B 材の降伏応力度 $\sigma_y = 235 \text{N/mm}^2$ である。

(計算式)

　　　　　　　　　　　　　　　　　　　　　　　　（柱）$M_p = $ _____ kN・m

(3) 梁材（H － 250 × 125 × 6 × 9（SN400B））の全塑性モーメント M_p を求めなさい。

　　SN400B 材の降伏応力度 $\sigma_y = 235 \text{N/mm}^2$ である。

(計算式)

　　　　　　　　　　　　　　　　　　　　　　　　（梁）$M_p = $ _____ kN・m

(4) この構造物の崩壊機構を下図に示します。図中2層目の水平力としてA_2の値を採用します。（　）内に数値を記入の上、崩壊機構よりPの値を求めなさい。

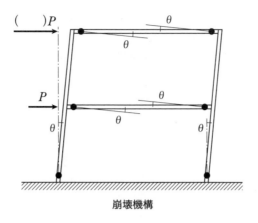

崩壊機構

(計算式)

$$P = \underline{\hspace{8cm}} \text{kN}$$

(5) 1層目、2層目の保有水平耐力Q_{u1}、Q_{u2}を求めなさい。

(計算式)

$$Q_{u1} = \underline{\hspace{3cm}} \text{kN} \qquad Q_{u2} = \underline{\hspace{3cm}} \text{kN}$$

(6) 保有水平耐力と必要保有水平耐力を比較して大地震に対する安全性を判定（OK・NG）しなさい。

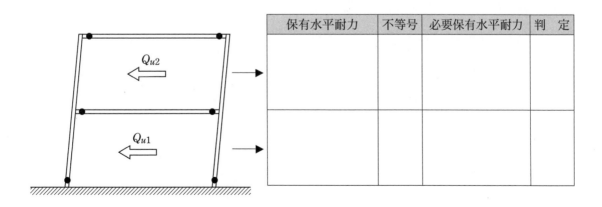

保有水平耐力	不等号	必要保有水平耐力	判　定

●著者略歴

浅野清昭（あさの・きよあき）

1961 年京都府生まれ。
京都工芸繊維大学大学院工芸学研究科建築学専攻修了。
㈱間組技術研究所、〈専〉京都建築大学校を経て、2009 年浅野構造力学研究所設立。
一級建築士。

著書（学芸出版社）
『やさしい 建築構造力学 演習問題集』
『改訂版 図説 やさしい構造力学』
『図説 建築構造力学』
『改訂版 図説 やさしい構造設計』
『絵ときブック構造力学入門』
『図解レクチャー 構造力学』

〈イラスト〉
野村　彰（のむら・あきら）

1958 年生まれ。
京都工芸繊維大学工芸学部住環境学科卒業。
一級建築士。

正誤情報やセミナー等の開催予定のご確認、ご意見・ご感想の投稿は、
本書のウェブページをご利用ください。
URL または二次元コードからアクセスいただけます。
https://book.gakugei-pub.co.jp/gakugei-book/9784761513825/

やさしい 建築構造設計 演習問題集
力の流れと計算手順がわかる書き込み式ワークブック

2023 年 11 月 20 日　第 1 版第 1 刷発行

著　　　者　　浅野清昭

発 行 者　　井口夏実

発 行 所　　株式会社学芸出版社
　　　　　　京都市下京区木津屋橋通西洞院東入
　　　　　　〒 600-8216　電話 075・343・0811
　　　　　　http://www.gakugei-pub.jp/
　　　　　　E-mail：info@gakugei-pub.jp

編 集 担 当　　松本優真

装　　　丁　　KOTO DESIGN Inc.　山本剛史

印刷・製本　　モリモト印刷

改訂版 図説 やさしい構造設計

浅野清昭 著

B5 変判・200 頁（2 色刷）・本体 2800 円＋税

物理や数学が苦手でも大丈夫！物理学の基礎から学べる建築構造設計の入門教科書・改訂版。2 色刷りでさらに見やすくなった豊富なイラスト図解に加え、わかりやすく工夫された丁寧な解説で、複雑な内容もイメージして理解できる。例題をとおして設計法を学び、手順どおりにやれば誰でも解けるように構成した。

◉目 次

やさしい 建築構造力学 演習問題集

浅野清昭 著

B5 判・問題 112 頁＋解答解説 32 頁・本体 1400 円＋税

構造力学の学習には、手を動かして解く練習が不可欠だ。図や計算式を書き込みながら使える本書では、図解豊富な例題で解き方の本質を理解し、基礎から建築士試験レベルまで計 200 問以上の演習問題を通して実用的な解法を習得できる。単元ごとの見開き構成と別冊の解答解説で取り組みやすく、2 級建築士受験対策の自習にも最適。

◉目 次

改訂版　図説　やさしい構造力学

浅野清昭 著

B5 変判・204 頁・本体 2700 円＋税

数学や物理が苦手だけど、初めて、あるいはもう一度、構造力学を勉強しなければならない！そんな人に向けた好評の入門教科書、待望の改訂版。すべてを手描きのイラストで図解し、丁寧な解説を心がけ、〈手順〉どおりにやれば誰でも解けるように構成。2 色刷でさらに見やすく、二級建築士試験に対応した練習問題も増補した。

図説　やさしい建築一般構造

今村仁美・田中美都 著

B5 変判・192 頁・本体 2800 円＋税

材料、骨組み、構造形式、各部の名称としくみなど、建築物の構造の基本を初学者にも容易に理解できるよう工夫されたテキスト。木構造、鉄骨造、鉄筋コンクリート造の 3 つを中心に、その他の構造、基礎、下地と仕上げの各分野を、イラストを多用してイメージをつかみ理解を深めるように構成した。建築士受験レベルにも対応。

図説　建築構造力学

浅野清昭 著

B5 変判・200 頁・本体 2800 円＋税

力学の基礎から、ラーメン架構や塑性解析までを四則計算のみで解いていける、構造力学初学者のための入門書。「力」を人の体やスパナに置き換えた易しいイラストで徹底図解しつつも、不静定構造までを網羅し丁寧に解説することで、1 級建築士受験にも対応。解けるだけでなく「力の流れ」を見通すことができるようになる 1 冊。

図説　建築構造設計

植村典人・藤田光男・大津秀夫 著

B5 変判・216 頁・本体 2800 円＋税

建築構造設計の基礎から始め、鉄筋コンクリート構造と鉄骨構造の構造設計が身につく、初学者のための入門書。第 6 章では鉄筋コンクリート構造の構造計算書を例示し、具体的な設計手順を見開き構成で数多くの図表をもとにわかりやすく解説しており、実践的な知識を身につけることができる。一級建築士試験対応の練習問題付き。

直感で理解する！構造設計の基本

山浦晋弘 著／日本建築協会 企画

A5 判・216 頁（カラー 16 頁）・本体 2400 円＋税

著者の実務家・教員としての豊富な経験をもとに、設計者としての心得から構造計画、設計、施工に至るまで、実務で押さえておくべき項目や設計上の盲点（落とし穴）を、難しい数式を用いず、手描きのイラストや写真、図表と平易な文章で直感的に理解できるよう解説。構造設計の基本的な考え方と設計のセンスが身につく一冊。

直感で理解する！構造力学の基本

山浦晋弘 著／日本建築協会 企画

A5 判・216 頁・本体 2400 円＋税

楽しい手描きイラストとわかりやすい文章が好評の「直感」シリーズ第 2 弾。著者の建築実務家・教員としての豊富な経験をもとに、建築を学び実務に当たる上で知っておくべき構造力学の基本をやさしく解説。「構造力学」の先にある「構造設計」の魅力が見えてくる一冊。一級建築士試験にも役立つ「力学問題アラカルト」付き。

層	速度圧 q	風力係数 C_f	見付面積 A	風荷重	層せん断力 Q
3	935N/m²	1.2	15m²	16.9kN	16.9kN
2	935N/m²	1.2	30m²	33.7kN	50.6kN
1	935N/m²	1.2	30m²	33.7kN	84.3kN

2·1 荷重 鉛直荷重

▶ p.12

例題1

❶ 24kN/m³ × 0.15m = 3.6kN/m²

❷ 200N/m²（厚さ1cmあたり）× 2cm = 400N/m² = 0.4kN/m²

例題2

❶ 0.2kN/m³/cm × 3cm ❷ 0.6 ❸ 24kN/m³ × 0.15m

❹ 3.60 ❺ 4.55

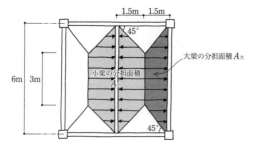

❻ (3m + 6m) × 1.5m ÷ 2 = 6.75m²

❼ 2ヶ所 × ｛(3m + 6m) × 1.5m ÷ 2｝= 13.5m²

❽ 24kN/m³ ×（0.6m − 0.15m）× 0.3m × 6m = 19.44kN

❾ 24kN/m³ ×（0.5m − 0.15m）× 0.3m × 6m = 15.12kN

❿ 19.44kN ÷ 6.75m² = 2.88kN/m²

⓫ 15.12kN ÷ 13.5m² = 1.12kN/m²

	床の自重	梁の自重	積載荷重	合計（答え）
床設計用	4.55kN/m²	—	2.90kN/m²	7.45kN/m²
小梁設計用	4.55kN/m²	1.12kN/m²	2.35kN/m²	8.02kN/m²
大梁設計用	4.55kN/m²	2.88kN/m²	1.80kN/m²	9.23kN/m²
地震荷重算定用	4.55kN/m²	2.88kN/m²	0.80kN/m²	8.23kN/m²

例題3

❶ 30N/m² × 200cm × $\sqrt{\cos(1.5 \times 40°)}$ = 4243N/m² ❷ 4.24

2·2 荷重 風荷重

▶ p.16

例題1

❶ 32 ❷ 450 ❸ 5 ❹ 0.20 ❺ 9 ❻ ＞ ❼ 5

❽ $1.7 \times \left(\dfrac{9}{450}\right)^{0.20}$ ❾ 0.78 ❿ 2.5

⓫ 0.6 × 2.5 ×（0.78 × 32）² ⓬ 935 ⓭ 0.8 + 0.4 ⓮ 1.2

⓯ 1.5m × 10m ⓰ 15 ⓱ 3.0m × 10m ⓲ 30

⓳ 3.0m × 10m ⓴ 30

2·3 荷重 地震荷重

▶ p.20

例題1

❶
$$F_2 = \frac{w_2}{g} \cdot a_{max} = \frac{2000\text{kN}}{980\text{cm}/秒^2} \times 300\text{gal}$$
$$F_1 = \frac{w_1 + w_2}{g} \cdot a_{max} = \frac{2500\text{kN} + 2000\text{kN}}{980\text{cm}/秒^2} \times 300\text{gal}$$

❷ 612 ❸ 1378

例題2

❶ 1.0 ❷ 0.02 ❸ 0.02 × 9 ❹ 0.18 ❺ 0.18 ❻ 1.0

層	W_i	α_i	A_i	C_i $(Z \times R_t \times A_i \times C_0)$	Q_i $(C_i \times W_i)$
3	500	0.333	1.33	0.266	133kN
2	1000	0.667	1.13	0.226	226kN
1	1500	1.000	1.00	0.200	300kN

❼地震

	層せん断力		
	風荷重	不等号	地震荷重
3	16.9 kN	＜	133 kN
2	50.6 kN	＜	226 kN
1	84.3 kN	＜	300 kN

3·1 鉄筋コンクリート構造 構造・材料

▶ p.28

例題1

❶ 3870 ❷ 600² − 3870 ❸ 356130

❹ $\dfrac{2000 \times 10^3 \text{N}}{15 \times 3870\text{mm}^2 + 356130\text{mm}^2}$ ❺ 4.83 ❻ 15 × 4.83

❼ 72.5

3·2 鉄筋コンクリート構造 梁（1）

▶ p.32

例題1

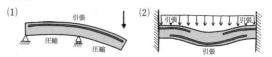

(1) 引張 圧縮 圧縮

(2) 引張 引張

例題2

❶ 600 − 60 ❷ 540 ❸ $\dfrac{7}{8} \times 540$ ❹ 472.5

❺ 861mm² × 215N/mm² × 472.5mm = 87.5 × 10⁶N·mm

❻ 87.5

例題3

● 梁端部について

❶鉛直　❷82　❸鉛直　❹水平　❺82 ＋ 50　❻132

❼上　❽$D - 60 = 600 - 60$　❾540

❿$\dfrac{82\text{kN·m}}{300\text{mm} \times (540\text{mm})^2} = \dfrac{82 \times 10^6 \text{N·mm}}{300\text{mm} \times (540\text{mm})^2}$　⓫0.937

⓬$\dfrac{132\text{kN·m}}{300\text{mm} \times (540\text{mm})^2} = \dfrac{132 \times 10^6 \text{N·mm}}{300\text{mm} \times (540\text{mm})^2}$　⓭1.51

⓮0.48　⓯0.50　⓰0.50　⓱$\dfrac{0.50}{100} \times 300\text{mm} \times 540\text{mm}$

⓲810　⓳0.6×810　⓴486　㉑3　㉒861　㉓2　㉔574

<table>
</table>

3·3 鉄筋コンクリート構造　梁（2）　▶ p.36

例題1

● 梁中央について

❶$a < 0.5l$　❷$a \geqq 0.5l$　❸3700　❹3000　❺>　❻600

❼1500　❽1500

［主筋量の算定］

❶釣り合い鉄筋比　❷引張　❸114　❹下

❺$\dfrac{114 \times 10^6 \text{N·mm}}{215\text{N/mm}^2 \times \dfrac{7}{8} \times 540\text{mm}}$　❻1122　❼1122

❽$0.5 \times 1122\text{mm}^2$　❾561.0　❿2　⓫574　⓬4　⓭1148

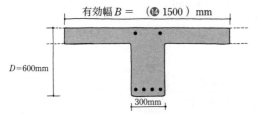

有効幅 $B =$ （⓮ 1500 ） mm

$D = 600\text{mm}$

300mm

例題3

❶$P_w = \dfrac{2\text{本} \times 71\text{mm}^2}{300\text{mm} \times 200\text{mm}} \times 100\%$　❷0.24　❸0.2　❹OK

3·4 鉄筋コンクリート構造　柱（1）　▶ p.40

例題1

▶ X軸についての検討

❶$\dfrac{400\text{kN}}{600\text{mm} \times 600\text{mm}} = \dfrac{400 \times 10^3 \text{N}}{600\text{mm} \times 600\text{mm}}$　❷1.11

❸$\dfrac{150\text{kN·m}}{600\text{mm} \times (600\text{mm})^2} = \dfrac{150 \times 10^6 \text{N·mm}}{600\text{mm} \times (600\text{mm})^2}$　❹0.694

❺1.58　❻2.08　❼0.917　❽2.08　❾0.14　❿0.53

⓫0.63　⓬0.63　⓭$\dfrac{0.63}{100} \times 600\text{mm} \times 600\text{mm}$　⓮2268

⓯6　⓰2322

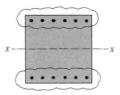

▶ Y軸についての検討

❶$\dfrac{400\text{kN}}{600\text{mm} \times 600\text{mm}} = \dfrac{400 \times 10^3 \text{N}}{600\text{mm} \times 600\text{mm}}$　❷1.11

❸$\dfrac{130\text{kN·m}}{600\text{mm} \times (600\text{mm})^2} = \dfrac{130 \times 10^6 \text{N·mm}}{600\text{mm} \times (600\text{mm})^2}$　❹0.602

❺1.58　❻1.39　❼0.917　❽1.39　❾0.10　❿0.28

⓫0.37　⓬0.37　⓭$\dfrac{p_t}{100} \cdot b \cdot D = \dfrac{0.37}{100} \times 600\text{mm} \times 600\text{mm}$

⓮1332　⓯4　⓰1548

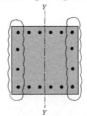

［柱断面に対する主筋量の検討］

❶0.8

❷$p_g = \dfrac{387\text{mm}^2 \times 16\text{本}}{600\text{mm} \times 600\text{mm}} \times 100\%$　❸1.72　❹OK

3·5 鉄筋コンクリート構造　柱（2）　▶ p.46

例題1

❶$1.5x$　❷150　❸100

❹$P_w = \dfrac{2\text{本} \times 71\text{mm}^2}{600\text{mm} \times 100\text{mm}} \times 100\%$　❺0.24　❻0.2

❼OK

3·6 鉄筋コンクリート構造　床スラブ　▶ p.50

例題1

❶$\dfrac{5700}{3700}$　❷1.54

❸$0.02 \times \left(\dfrac{1.54 - 0.7}{1.54 - 0.6}\right) \times \left(1 + \dfrac{3.0}{10} + \dfrac{3700}{10000}\right) \times 3700$

❹110　❺110　❻$3.0\text{kN/m}^2 + 24\text{kN/m}^3 \times 0.15\text{m}$　❼6.6

❽5.6　❾6.4　❿4.3　⓫3.8　⓬2.5

3·7 鉄筋コンクリート構造
地盤・基礎　　▶ p.54

例題 1

❶ 750　❷ 1.5　❸ 20　❹ l^2

❺ $100\text{kN/m}^2 \geqq \dfrac{750\text{kN} + (l\text{m})^2 \times 1.5\text{m} \times 20\text{kN/m}^3}{l^2}$

$l^2 \geqq 10.7\text{m}^2$　　$l \geqq 3.27\text{m}$

❻ 3.3

4·1 鉄骨構造
構造・鋼材　　▶ p.62

例題 1

❶ (1) $\dfrac{\text{降伏応力度}}{\text{引張強さ}} = \dfrac{235\text{N/mm}^2}{400\text{N/mm}^2}$

(2) $\dfrac{\text{降伏応力度}}{\text{引張強さ}} = \dfrac{325\text{N/mm}^2}{490\text{N/mm}^2}$

❷ 0.59　❸ 0.66

4·2 鉄骨構造
接合法　　▶ p.66

例題 1

❶ (a) $P_a = 4\text{ 本} \times 47.1\text{kN}$

(b) $P_b = 4\text{ 本} \times 94.2\text{kN}$

❷ 188.4　❸ 376.8　❹ 2

例題 2

❶ (a) $P_a = 6\text{ 本} \times 67.9\text{kN}$

(b) $P_b = 4\text{ 本} \times 136\text{kN}$

❷ 407.4　❸ 544　❹ P_b

例題 3

❶ 200　❷ 9　❸ 1800　❹ 156

❺ $P = f_t \times A = 156\text{N/mm}^2 \times 1800\text{mm}^2 = 280.8 \times 10^3\text{ N}$

❻ 280.8

例題 4

❶ $160\text{mm} - 2 \times 10\text{mm}$　❷ 140　❸ $0.7 \times 10\text{mm}$　❹ 7

❺ $2\text{ 面} \times 140\text{mm} \times 7\text{mm}$　❻ 1960　❼ 90.4

❽ $P = f_s \times A = 90.4\text{N/mm}^2 \times 1960\text{mm}^2 = 177.2 \times 10^3\text{N}$

❾ 177.2

4·3 鉄骨構造
引張材　　▶ p.70

例題 1

❶ $A_n = (250\text{mm} - 3 \times 20\text{mm}) \times 9\text{mm}$

$A_n = (250\text{mm} - 2 \times 20\text{mm}) \times 9\text{mm}$

❷ 1710　❸ 1890

例題 2

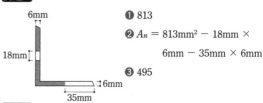

❶ 813

❷ $A_n = 813\text{mm}^2 - 18\text{mm} \times 6\text{mm} - 35\text{mm} \times 6\text{mm}$

❸ 495

例題 3

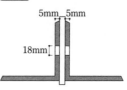

[高力ボルトの検討]

❶ 60.3

❷ $3\text{ 本} \times 60.3\text{kN} = 181\text{kN} > N_t = 100\text{kN}$　❸ OK

[山形鋼の検討]

❶ 637　❷ 156

❸ $A_n = 2 \times (637\text{mm}^2 - 18\text{mm} \times 5\text{mm}) = 1094\text{mm}^2$

$\sigma_t = \dfrac{N_t}{A_n} = \dfrac{100 \times 10^3\text{N}}{1094\text{mm}^2} = 91.4\text{N/mm}^2 \leqq f_t = 156\text{N/mm}^2$

❹ 1094　❺ OK

4·4 鉄骨構造
圧縮材　　▶ p.74

例題 1

❶ 9143　❷ 63.2　❸ 6　❹ 6000　❺ $\dfrac{6000\text{mm}}{63.2\text{mm}}$　❻ 95

❼ 91.5

❽ $\dfrac{1000 \times 10^3\text{N}}{9143\text{mm}^2}$　❾ 109.4　❿ $>$

例題 2

❶ 3　❷ 3000　❸ 47　❹ 137　❺ 109.4　❻ $<$　❼ OK

4·5 鉄骨構造 梁 ▶ p.78

例題 1

[準備]

❶ 46800   ❷ 1870

[曲げモーメントに関する検討]

❶ 250   ❷ 250 ＋ 70   ❸ 320   ❹ $\dfrac{250 \times 10^6 \text{N·mm}}{1870 \times 10^3 \text{mm}^3}$ ❺ 134

❻ ＜   ❼ 156   ❽ $\dfrac{320 \times 10^6 \text{N·mm}}{1870 \times 10^3 \text{mm}^3}$ ❾ 171   ❿ ＜   ⓫ 235

⓬ OK

[せん断力に関する検討]

❶ 150   ❷ 150 ＋ 14   ❸ 164

❹ (500mm － 2 × 16mm) × 10mm   ❺ 4680

❻ $\dfrac{150 \times 10^3 \text{N}}{4680 \text{mm}^2}$ ❼ 32.1   ❽ ＜   ❾ 90.4   ❿ $\dfrac{164 \times 10^3 \text{N}}{4680 \text{mm}^2}$

⓫ 35.0   ⓬ ＜   ⓭ 135   ⓮ OK

[たわみの検討]

❶ $\dfrac{30 \text{N/mm} \times (10^4 \text{mm})^4}{384 \times 2.05 \times 10^5 \text{N/mm}^2 \times 46800 \times 10^4 \text{mm}^4}$

❷ 8.1   ❸ 8.1   ❹ ＜   ❺ $\dfrac{10 \times 10^3}{300}$ ❻ 33.3   ❼ OK

4·6 鉄骨構造 柱 ▶ p.82

例題 1

[準備]

❶ 120.7   ❷ 1320   ❸ 139   ❹ 200   ❺ 200 ＋ 50   ❻ 250

❼ 150   ❽ 150 ＋ 80   ❾ 230   ❿ 75   ⓫ 75 ＋ 40   ⓬ 115

[圧縮力＋曲げモーメントに関する検討]

❶ $\dfrac{200 \times 10^3 \text{N}}{120.7 \times 10^2 \text{mm}^2}$ ❷ 16.6   ❸ $\dfrac{250 \times 10^3 \text{N}}{120.7 \times 10^2 \text{mm}^2}$ ❹ 20.7

❺ $\dfrac{150 \times 10^6 \text{N·mm}}{1320 \times 10^3 \text{mm}^3}$ ❻ 114   ❼ $\dfrac{230 \times 10^6 \text{N·mm}}{1320 \times 10^3 \text{mm}^3}$ ❽ 174

❾ 横座屈   ❿ 156   ⓫ 235   ⓬ 座屈   ⓭ 4   ⓮ 4000

⓯ $\dfrac{4000 \text{mm}}{139 \text{mm}}$ ⓰ 29   ⓱ 149   ⓲ 1.5   ⓳ 223.5

[長期についての検討]

⓴ $\dfrac{114 \text{N/mm}^2}{156 \text{N/mm}^2} + \dfrac{16.6 \text{N/mm}^2}{149 \text{N/mm}^2}$ ㉑ 0.84   ㉒ ＜   ㉓ 1

[短期についての検討]

㉔ $\dfrac{174 \text{N/mm}^2}{235 \text{N/mm}^2} + \dfrac{20.7 \text{N/mm}^2}{223.5 \text{N/mm}^2}$ ㉕ 0.83   ㉖ ＜   ㉗ 1

[せん断力に関する検討]

❶ (350mm － 2 × 9mm) × 9mm × 2 枚   ❷ 5976

❸ $\dfrac{75 \times 10^3 \text{N}}{5976 \text{mm}^2}$ ❹ 12.6   ❺ ＜   ❻ 90.4   ❼ $\dfrac{115 \times 10^3 \text{N}}{5976 \text{mm}^2}$

❽ 19.2   ❾ ＜   ❿ 135   ⓫ OK

モデル化

（ピン）　（半固定）　（固定）　（固定）

4·7 鉄骨構造 接合部 ▶ p.86

例題 1

[フランジの高力ボルト本数の算定]

❶ 156   ❷ 200mm × 13mm   ❸ 2600

❹ 156N/mm² × 2600mm²   ❺ 405.6   ❻ 405.6   ❼ 94.2

❽ $\dfrac{405.6 \text{kN}}{94.2 \text{kN}}$ ❾ 4.3   ❿ 6

[ウェブの高力ボルト本数の算定]

❶ 90.4   ❷ (400mm － 2 × 13mm) × 8mm   ❸ 2992

❹ 90.4N/mm² × 2992mm²   ❺ 270.5   ❻ 270.5   ❼ $\dfrac{270.5 \text{kN}}{94.2 \text{kN}}$

❽ 2.9   ❾ 3

例題 2

[フランジ部（完全溶け込み溶接）の検討]

❶ 400mm － 13mm   ❷ 387   ❸ $\dfrac{80 \times 10^6 \text{N·mm}}{387 \text{mm}}$ ❹ 206.7

❺ 206.7   ❻ $\dfrac{110 \times 10^6 \text{N·mm}}{387 \text{mm}}$ ❼ 284.2   ❽ 284.2   ❾ 13

❿ 200   ⓫ 13mm × 200mm   ⓬ 2600   ⓭ $\dfrac{206.7 \times 10^3 \text{N}}{2600 \text{mm}^2}$

⓮ 79.5   ⓯ ＜   ⓰ 156   ⓱ $\dfrac{284.2 \times 10^3 \text{N}}{2600 \text{mm}^2}$ ⓲ 109   ⓳ ＜

⓴ 235   ㉑ OK

[ウェブ部（両面隅肉溶接）の検討]

❶ 298   ❷ 13   ❸ 30   ❹ 8   ❺ 400   ❻ 8   ❼ 30   ❽ 13

❾ 0.7   ❿ 0.7 × 8mm   ⓫ 5.6

⓬ 400mm － 2 × 13mm － 2 × 30mm － 2 × 8mm   ⓭ 298

⓮ 2 × 5.6mm × 298mm   ⓯ 3338   ⓰ $\dfrac{150 \times 10^3 \text{N}}{3338 \text{mm}^2}$ ⓱ 44.9

⓲ ＜   ⓳ 90.4   ⓴ $\dfrac{200 \times 10^3 \text{N}}{3338 \text{mm}^2}$ ㉑ 59.9   ㉒ ＜   ㉓ 135

㉔ OK

5·2 2次設計
層間変形角・剛性率・偏心率 ▶ p.102

例題 1

❶ $\dfrac{10mm}{4000mm}$　❷ $\dfrac{1}{400}$　❸ <　❹ $\dfrac{1}{200}$　❺ OK　❻ $\dfrac{8mm}{4000mm}$

❼ $\dfrac{1}{500}$　❽ <　❾ $\dfrac{1}{200}$　❿ OK　⓫ $\dfrac{4mm}{4000mm}$　⓬ $\dfrac{1}{1000}$

⓭ <　⓮ $\dfrac{1}{200}$　⓯ OK

例題 2

❶ 1000　❷ 500　❸ 400　❹ $\dfrac{1000+500+400}{3}$　❺ 633

❻ $\dfrac{400}{633}$　❼ 0.63　❽ >　❾ 0.6　❿ OK　⓫ $\dfrac{500}{633}$　⓬ 0.79

⓭ >　⓮ 0.6　⓯ OK　⓰ $\dfrac{1000}{633}$　⓱ 1.58　⓲ >　⓳ 0.6

⓴ OK

5·3 2次設計
保有水平耐力（1） ▶ p.106

例題 1

❶ $M_u = 861mm^2 \times 345N/mm^2 \times 0.9 \times 540mm$

　　$= 144 \times 10^6 N\cdot mm$

❷ 144

例題 2

❶ $M_p = 1310 \times 10^3 mm^3 \times 235N/mm^2 = 308 \times 10^6 N\cdot mm$

❷ 308

例題 3

❶ $P_{ua} \times \delta = 150kN\cdot m \times \theta + 150kN\cdot m \times \theta$

　　$\delta = 4\theta$ より

　　$P_{ua} \times 4\theta = 300kN\cdot m \times \theta$

❷ 75

❸ $P_{ub} \times \delta = 150kN\cdot m \times \theta + 150kN\cdot m \times \theta + 200kN\cdot m \times$

　　$\theta + 200kN\cdot m \times \theta$

　　$\delta = 4\theta$ より

　　$P_{ub} \times 4\theta = 700kN\cdot m \times \theta$

❹ 175

5·4 2次設計
保有水平耐力（2） ▶ p.110

例題 1

❶ 1.0　❷ 15　❸ $T = 0.03h = 0.03 \times 15$　❹ 0.45　❺ 1.0

層	W_i (kN)	α_i	A_i	C_i	Q_{ud} (kN)	Q_{un} (kN)
3	600	0.30	1.58	1.58	948	$0.25 \times 1.5 \times \ 948 = 356kN$
2	1300	0.65	1.23	1.23	1599	$0.25 \times 1.5 \times 1599 = 600kN$
1	2000	1.00	1.00	1.00	2000	$0.25 \times 1.5 \times 2000 = 750kN$

❻ 2130　❼ $2310 \times 10^3 mm^3 \times 235N/mm^3$　❽ 500.6

❾ 500.6　❿ 3670　⓫ $3670 \times 10^3 mm^3 \times 235N/mm^3$

⓬ 862.5　⓭ 862.5

⓮ $1.58P \times \delta_3 + 1.23P \times \delta_2 + P \times \delta_1 =$

　　$(500.6kN\cdot m \times \theta \times 6 ヶ所 + 862.5kN\cdot m \times \theta \times 2 ヶ所)$

　　$\times 2 フレーム$

　　$\delta_1 = 5\theta$　　　$\delta_2 = 10\theta$　　　$\delta_3 = 15\theta$　　であるから

　　$1.58P \times 15\theta + 1.23P \times 10\theta + P \times 5\theta =$

　　$(500.6kN\cdot m \times \theta \times 6 ヶ所 + 862.5kN\cdot m \times \theta \times 2 ヶ所)$

　　$\times 2 フレーム$

⓯ 230.7　⓰ $1.58P = 1.58 \times 230.7kN$　⓱ 365

⓲ $1.58P + 1.23P = 1.58 \times 230.7kN + 1.23 \times 230.7kN$

⓳ 648

⓴ $1.58P + 1.23P + P =$

　　$1.58 \times 230.7kN + 1.23 \times 230.7kN + 230.7kN$

㉑ 879　㉒ 365　㉓ >　㉔ 356

㉕ OK　㉖ 648　㉗ >　㉘ 600　㉙ OK　㉚ 879　㉛ >

㉜ 750　㉝ OK

1 構造設計の流れ
▶ p.8

問題1 (❶ 意匠)(❷ 設備)(❸ 構造)(❹ 計画)(❺ 荷重)
(❻ 部材に生じる力)(❼ 断面)(❽ 強度)(❾ 強度)(❿ 大き)
(⓫ 靱性)(⓬ 損傷)(⓭ 応力度)(⓮ 許容応力度)(⓯ 許容
応力度)(⓰ 剥落・損傷)(⓱ 層間変形角)(⓲ 構造部材)
(⓳ 外装材)(⓴ 容認)(㉑ 使用不能)(㉒ 人命)(㉓ 損傷)
(㉔ 倒壊)(㉕ 強度)(㉖ 壁量)(㉗ 柱量)(㉘ ブレース)
(㉙ 破断)(㉚ 強度)(㉛ 剛性率)(㉜ 変形)(㉝ 偏心率)
(㉞ ねじれ)(㉟ 靱性)(㊱ 保有水平耐力)(㊲ 塑性変形能力)
(㊳ 塑性変形)

問題2

(❶ 許容応力度)(❷ 許容応力度)(❸ 層間変形角)(❹ 剛性率)
(❺ 偏心率)(❻ 塔状比)(❼ 保有水平耐力)(❽ 転倒)

問題3

(1) ルート (1)　検討内容 (許容応力度設計)
(2) ルート (2)　検討内容 (許容応力度設計・層間変形角・剛
　　　　　　　　性率・偏心率・塔状比)
(3) ルート (3)　検討内容 (許容応力度設計・層間変形角・剛
　　　　　　　　性率・偏心率・塔状比・保有水平耐力)
(4) ルート (3)　検討内容 (許容応力度設計・層間変形角・保
　　　　　　　　有水平耐力)

問題4

(1)

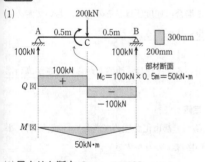

$M_C = 100\text{kN} \times 0.5\text{m} = 50\text{kN·m}$

(2) **最大せん断力** $Q_{max} = 100\text{kN}$

　最大曲げモーメント $M_{max} = 50\text{kN·m}$

(3) $A = 200\text{mm} \times 300\text{mm} = 60 \times 10^3 \text{mm}^2$

$Z = \dfrac{bh}{6} = \dfrac{200 \times 300^2}{6} = 3 \times 10^6 \text{mm}^3$

(4) $\tau_{max} = 1.5\dfrac{Q}{A} = 1.5 \times \dfrac{100 \times 10^3 \text{N}}{60 \times 10^3 \text{mm}^2} = 2.5\text{N/mm}^2$

$\sigma_{b\,max} = \dfrac{M}{Z} = \dfrac{50 \times 10^6 \text{N·mm}}{3 \times 10^6 \text{mm}^3} = 16.7\text{N/mm}^2$

$\tau_{max} = 2.5\text{N/mm}^2 \boxed{<} f_s = 3\text{N/mm}^2 \Rightarrow \boxed{OK} \cdot NG$

$\sigma_{b\,max} = 16.7\text{N/mm}^2 \boxed{<} f_b = 20\text{N/mm}^2 \Rightarrow \boxed{OK} \cdot NG$

問題5 (❶ 以下)(❷ 長期)(❸ 短期)(❹ 損傷)(❺ 中)
(❻ 仕上げ材など)(❼ 剛性分布のバランス)(❽ 以上)(❾ 剛
性分布のバランス)(❿ 以下)(⓫ 外周部)(⓬ 大)(⓭ 倒壊)

2·1 荷重 鉛直荷重
▶ p.12

問題1 (❶ 固定)(❷ 積載)(❸ 積雪)(❹ 風)(❺ 地震)
(❻ 建築物自体)(❼ 24)(❽ 23)(❾ 78)(❿ 200)

問題2

(❶ 人)(❷ 家具)(❸ 室)(❹ 構造設計)

	床の構造計算を する場合	大梁、柱等の構造計算 をする場合	地震荷重を 算定する場合
事務室	2900N/m²	1800N/m²	800N/m²
教　室	2300N/m²	2100N/m²	1100N/m²

(❺ 床設計用)(❻ 大梁・柱など設計用)(❼ 地震荷重算定用)
(❽ 廊下)(❾ 百貨店の売場)(❿ 教室)(⓫ 住宅)
　住宅の居室または病室 [1800] N/m²
　教室 [2300] N/m²
　劇場、映画館等(固定席) [2900] N/m²
　百貨店の売り場 [2900] N/m²
　劇場、映画館等(その他) [3500] N/m²
　教室に連絡する廊下 [3500] N/m²
　百貨店の屋上広場 [2900] N/m²
　倉庫業を営む倉庫 [3900] N/m²

問題3

(1)

フロアリングブロック		0.18 kN/m²
均しモルタル (厚3cm)	(計算式 $0.2\text{kN/m}^2/\text{cm} \times 3\text{cm}$)=	(0.60) kN/m²
鉄筋コンクリート床 (厚15cm)	(計算式 $24\text{N/m}^3 \times 0.15\text{m}$)=	(3.60) kN/m²
断熱材 (厚2.5cm)		0.01 kN/m²
天　井		0.20 kN/m²
合　計　床の単位荷重 W_1		(4.59) kN/m²

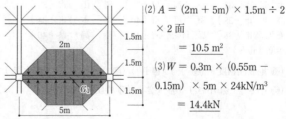

(2) $A = (2\text{m} + 5\text{m}) \times 1.5\text{m} \div 2$
　　$\times 2$ 面
　　$= 10.5 \text{ m}^2$

(3) $W = 0.3\text{m} \times (0.55\text{m} -$
　　$0.15\text{m}) \times 5\text{m} \times 24\text{kN/m}^3$
　　$= 14.4\text{kN}$

$$W_2 = \frac{W}{A} = \frac{14.4\text{kN}}{10.5\text{m}^2}$$
$$= \underline{1.37\text{kN/m}^2}$$

(4)

	床の自重 W_1	大梁の自重 W_2	積載荷重（教室）	合計
床設計用	4.59 kN/m²	—	2.30 kN/m²	6.89 kN/m²
大梁設計用	4.59 kN/m²	1.37 kN/m²	2.10 kN/m²	8.06 kN/m²
地震荷重算定用	4.59 kN/m²	1.37 kN/m²	1.10 kN/m²	7.06 kN/m²

問題 4

$$W_s = W \cdot d \cdot \mu_b = 20\text{N/m}^2\text{/cm} \times 30\text{cm} \times \sqrt{\cos 1.5 \times 15°}$$
$$= 577\text{N/m}^2$$
$$= \underline{0.577\text{kN/m}^2}$$

問題 5　×は次の通り

(3)同一の室に用いる積載荷重の大小関係は、「地震力の計算用」＞「大梁及び柱の計算用」＞「床の計算用」である。

⇒「床の計算用」＞「大梁及び柱の計算用」＞「地震力の計算用」

(4)床の単位面積当たりの積載荷重は、「百貨店又は店舗の売り場」より「教室」のほうが大きい。

⇒小さい

(7)屋根の積雪荷重は、雪止めのない屋根の場合、屋根勾配が緩やかになるほど小さくなる。

⇒大きくなる

2・2　荷重　風荷重　▶ p.16

問題 1

（❶速度圧）　（❷風力係数）　（❸見付面積）　（❹速度圧）
（❺ $\frac{1}{2}mV^2$）　（❻ $\frac{1}{2}\rho V^2$）　（❼ $0.6V^2$）　[❽ 4]　（❾ N/m²）
（❿ $0.6G_f(E_r \cdot V_0)^2$）　（⓫ $0.6E \cdot V_0^2$）　（⓬ ガスト）　（⓭ 平均）
（⓮ 高さ）　（⓯ 基準）　[⓰ 10]　（⓱ 平均）　[⓲ 30]　[⓳ 46]

札 幌 市［32］　函 館 市［34］　秋 田 市［32］
千 葉 市［36］　水 戸 市［32］　銚 子 市［38］
東京23区［34］　東京都八丈町［42］
大 阪 市［34］　京 都 府［32］　岡 山 市［32］
高 知 市［38］　室 戸 市［40］　熊 本 市［34］
鹿児島市［38］　鹿児島県屋久町［44］　沖 縄 県［46］
単位（m/秒）

（⓴ 地表面粗度）　（㉑ Ⅰ）　（㉒ Ⅳ）　（㉓ Ⅰ）　（㉔ Ⅳ）（㉕ 大き）
（㉖ 小さ）　（㉗ 小さ）　（㉘ 大き）　（㉙ 外圧）　（㉚ 内圧）

問題 2

速 度 圧 $q = 1200\text{N/m}^2$

風力係数 C_f＝外圧係数 − 内圧係数　より

　C_f（A）＝ $0.80 - (-0.20) = 1.00$

　C_f（B）＝ $-0.40 - (-0.20) = -0.20$

風圧力＝速度圧 q ×風力係数 C_f　より

　風圧力（A）＝ $1200 \times 1.00 = \underline{1200\text{N/m}^2}$（＋は圧縮）

　風圧力（B）＝ $1200 \times (-0.20) = \underline{-240\text{N/m}^2}$（−は引張）

問題 3

Z_b ＝（5）m　　Z_G ＝（350）m　　α ＝（0.15）

G_f ＝（2.2）　　V_0 ＝（32）m/秒

H と Z_b との比較（$H = 10\text{m} > Z_b = 5\text{m}$）だから

$E_r = \left(1.7 \left(\frac{10}{350}\right)^{0.15}\right)$ ＝（1.00）

$E_r \times V_0$ ＝（1.00×32）＝（32）m/秒

q ＝（$0.6 \times 2.2 \times 32^2$）＝（1352）N/m²

層	速度圧 q	風力係数 C_f	見付面積 A	風荷重	層せん断力 Q
3	1352 N/m²	1.2	36m × 1.5m ＝ 54 m²	88 kN	88 kN
2	1352 N/m²	1.2	36m × 3m ＝ 108 m²	176 kN	264 kN
1	1352 N/m²	1.2	36m × 3.5m ＝ 126 m²	205 kN	469 kN

（風荷重は小数点以下切り上げで計算）

問題 4　×は次の通り

(1)風圧力は、風速に風力係数を乗じて計算する。

⇒速度圧

(3)風圧力を計算する場合の速度圧は、その地方において定められた風速の平方根に比例する。

⇒2乗に比例する

(4)風圧力の計算に用いる速度圧は、地盤面からの高さが高い部位ほど大きい。

⇒高さによらず一定値

(8)ガスト影響係数 G_f は「都市化が極めて著しい区域」より「平坦で障害物のない区域」の方が大きい。

⇒小さい

2・3　荷重　地震荷重　▶ p.20

問題 1　（❶ 地震層せん断力）（❷ 地震層せん断力係数）（❸ 重量）（❹ 地域）（❺ 振動特性）（❻ 分布）（❼ 標準せん断力）

[❽ 0.7]　[❾ 1.0]　[❿ 1.0]　（⓫ 小さ）　（⓬ 大き）　[⓭ 0.8]

[⑭ 1.0] (⑮ 大き) [⑯ 0.2] [⑰ 1.0] [⑱ 0.02] [⑲ 0.03]

問題2

地震地域係数 Z ＝ （1.0）

設計用1次固有周期 T ＝ （ 0.02 × 10 ） ＝ （ 0.2 ）秒

R_t ＝ （ 1.0 ）

層	W_i	α_i	A_i	C_i $(Z \times R_t \times A_i \times C_0)$	Q_i $(C_i \times W_i)$
3	8000 kN	0.333	1.35	0.270	2160 kN
2	16000 kN	0.667	1.14	0.228	3648 kN
1	24000 kN	1.000	1.00	0.200	4800 kN

問題3

	層せん断力		
	風荷重	不等号	地震荷重
3	88 kN	<	2160 kN
2	264 kN	<	3648 kN
1	469 kN	<	4800 kN

⇒ （地震）荷重による
水平力を採用する。

問題4

(❶ G) (❷ P) (❸ S) (❹ W) (❺ K) (❻ 0.7S)
(❼ S) (❽ 0.35S) (❾ 0.35S) (❿ 長期) (⓫ 短期) (⓬ 長期)
(⓭ 短期)

問題5 ×は次の通り

(1) 振動特性係数 R_t は、建築物の設計用一次固有周期Tが長くなるほど大きくなる。

⇒小さくなる

(4) 設計用1次固有周期 T は鉄骨構造の場合、建物の高さに0.02 を乗じて計算することができる。

⇒ 0.03

(5) 地震地域係数 Z は、過去の地震の記録等に基づき1.0から1.5 までの範囲で、建設地ごとに定められる。

⇒ 0.7 から 1.0

(9) 建築物の地上部分における各層の地震層せん断力 Q_i は、最下層における値が最も小さくなる。

⇒大きく

まとめ   ▶ p.24

問題1

(1)

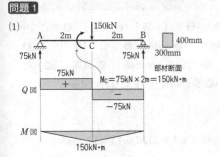

$M_C = 75\text{kN} \times 2\text{m} = 150\text{kN·m}$

(2) 最大せん断力 Q_{max} ＝ 75kN

最大曲げモーメント M_{max} ＝ 150kN・m

(3) $A = 300\text{mm} \times 400\text{mm} = 120 \times 10^3\text{mm}^2$

$Z = \dfrac{bh}{6} = \dfrac{300 \times 400^2}{6} = 8 \times 10^6\text{mm}^3$

(4)
$\tau_{max} = 1.5\dfrac{Q}{A} = 1.5 \times \dfrac{75 \times 10^3\text{N}}{120 \times 10^3\text{mm}^2} = 0.9375\text{N/mm}^2$

$\sigma_{b\,max} = \dfrac{M}{Z} = \dfrac{150 \times 10^6\text{N·mm}}{8 \times 10^6\text{mm}^3} = 18.75\text{N/mm}^2$

$\tau_{max} = 0.9375\text{N/mm}^2 \boxed{<} f_s = 3\text{N/mm}^2 \Rightarrow \boxed{\text{OK}} \cdot$ NG

$\sigma_{bmax} = 18.75\text{N/mm}^2 \boxed{<} f_b = 20\text{N/mm}^2 \Rightarrow \boxed{\text{OK}} \cdot$ NG

問題2

(1)

シート防水		0.10 kN/m²
均しモルタル（厚2cm）	（計算式）0.2kN/m²/cm × 2cm ＝（ 0.40 ）kN/m²	
鉄筋コンクリート床（厚16cm）	（計算式）24N/m³ × 0.16m ＝（ 3.84 ）kN/m²	
断 熱 材（厚3cm）		0.01 kN/m²
天 井		0.20 kN/m²
合 計　床の単位荷重 W_1		（ 4.55 ）kN/m²

(2) $A = $（ 2.5m ＋ 6m ）× 1.75m ÷ 2 × 2 ＝ 14.875m²

(3) $W = 0.35\text{m} \times$ （ 0.7m － 0.16m ）× 6m × 24kN/m³

$= 27.216\text{kN}$

大梁G_1

6m 2.5m

1.75m 1.75m
7m

(4) $W_2 = \dfrac{27.216\text{kN}}{14.875\text{m}^2} = 1.83\text{kN/m}^2$

(5)

	床の自重 W_1	大梁の自重 W_2	積載荷重 （学校の屋上）	合計
床設計用	4.55 kN/m²	—	2.90 kN/m²	7.45 kN/m²
大梁設計用	4.55 kN/m²	1.83 kN/m²	2.40 kN/m²	8.78 kN/m²
地震荷重算定用	4.55 kN/m²	1.83 kN/m²	1.30 kN/m²	7.68 kN/m²

問題3

$W_s = W \cdot d \cdot \mu_b$

$= 30\text{N/m}^2\text{/cm} \times 100\text{cm} \times \sqrt{\cos 1.5 \times 30°}$

$= 2523\text{N/m}^2$

$= 2.523\text{kN/m}^2$

問題 4
（❶ 単位重量 ）（❷ 垂直 ）（❸ 屋根形状 ）［❹ 20 ］
［❺ 1 ］（❻ または ）［❼ 30 ］（❽ 大きく ）［❾ 60 ］［❿ 0 ］
（⓫ 不均等 ）［⓬ 1 ］

問題 5

速度圧 $q = 1000 \text{N/m}^2$

風力係数 $C_f =$ 外圧係数 − 内圧係数　より

　A 点の $C_f = = 0.78 - (-0.2) = 0.98$

　B 点の $C_f = -0.4 - (-0.2) = -0.2$

風圧力 $= q \times C_f$　より

　A 点の風圧力 $= 1000 \times 0.98 = \underline{980 \text{N/m}^2}$（＋は圧縮）

　B 点の風圧力 $= 1000 \times (-0.2)$
　　　　　　　　$= \underline{-200 \text{N/m}^2}$（−は引張）

問題 6

$Z_b = (5) \text{ m}$　　　$Z_G = (450) \text{ m}$　　　$\alpha = (0.20)$

$G_f = (2.5)$　　　$V_0 = (34) \text{ m/秒}$

H と Z_b との比較（ $H = 10 \text{m} > Z_b = 5 \text{m}$ ）だから

$E_r = \left(1.7 \left(\dfrac{10}{450}\right)^{0.20}\right) = (0.794)$

$E_r \times V_0 = (0.794 \times 34) = (27.0) \text{ m/秒}$

$q = (0.6 \times 2.5 \times 27.0^2) = (1094) \text{ N/m}^2$

層	速度圧 q	風力係数 C_f	見付面積 A	風荷重	層せん断力 Q
3	1094 N/m²	1.2	36m × 1.5m = 54 m²	71 kN	71 kN
2	1094 N/m²	1.2	36m × 3m = 108 m²	142 kN	213 kN
1	1094 N/m²	1.2	36m × 3.5m = 126 m²	166 kN	379 kN

（風荷重は小数点以下切り上げで計算）

問題 7

地震地域係数 $Z = (1.0)$

設計用 1 次固有周期 $T = (0.02 \times 10) = (0.2)$ 秒

$R_t = (1.0)$

i 層	W_i	α_i	A_i	$C_i (Z \times R_t \times A_i \times C_0)$	$Q_i (C_i \times W_i)$
3	8000 kN	0.267	1.42	0.284 kN	2272 kN
2	18000 kN	0.600	1.17	0.234 kN	4212 kN
1	30000 kN	1.000	1.00	0.200 kN	6000 kN

3・1　鉄筋コンクリート構造
構造・材料
▶ p.28

問題 1
（❶ 梁 ）（❷ 柱 ）（❸ あばら筋 ）（❹ 主筋 ）（❺ 帯筋 ）
（❻ 主筋 ）（❼ 基礎 ）
［❽ 6 ］［❾ 5 ］［❿ 7 ］［⓫ $\dfrac{L}{10}$ ］［⓬ $\dfrac{L}{12}$ ］［⓭ 5 ］［⓮ $\dfrac{1}{2}$ ］
［⓯ $\dfrac{1}{3}$ ］［⓰ 5 ］（⓱ 引張 ）（⓲ 圧縮 ）（⓳ 座屈 ）（⓴ 錆び ）

（㉑ 圧縮 ）（㉒ 引張 ）（㉓ $\dfrac{1}{10}$ ）（㉔ 付着 ）（㉕ 線膨張 ）［㉖ 1×10^{-5} ］（㉗ ひびわれ ）（㉘ アルカリ ）（㉙ 錆 ）（㉚ 普通 ）
（㉛ 軽量 ）（㉜ 設計基準 ）（㉝ 構造設計 ）（㉞ ヤング ）［㉟ $\dfrac{1}{3}\sigma_B$ ］
［㊱ $\dfrac{1}{4}\sigma_B$ ］（㊲ ヤング係数 ）

［㊳ $3.35 \times 10^4 \times \left(\dfrac{\gamma}{24}\right)^2 \times \left(\dfrac{F_c}{60}\right)^{\frac{1}{3}}$ ］

$\gamma = 23 \text{kN/m}^3$、$F_c = 24 \text{N/mm}^2$　の場合

ヤング係数 $E = 3.35 \times 10^4 \times \left(\dfrac{23}{24}\right)^2 \times \left(\dfrac{24}{60}\right)^{\frac{1}{3}}$

　　　　　　$= \underline{2.27 \times 10^4 \text{N/mm}^2}$

［㊴ $\dfrac{1}{3}$ ］［㊵ $\dfrac{2}{3}$ ］（㊶ 短期許容応力度 ）（㊷ 長期許容応力度 ）
［㊸ 8 ］［㊹ 16 ］（㊺ 丸鋼 ）（㊻ SR ）（㊼ 異形鉄筋 ）（㊽ SD ）
（㊾ 降伏点 ）［㊿ 345 ］（51 異形鉄筋 ）（52 引張強さ ）（53 基準
強度 F ）（54 $\dfrac{F}{1.5}$ ］［55 215 ］（56 小さい ）（57 短期許容応力
度 ）（58 長期許容応力度 ）［59 2.05×10^5 ］（60 一定 ）（61 コ
ンクリート ）（62 鉄筋 ）

問題 2　×は次の通り
(2) コンクリートの引張強度は、圧縮強度の $\underline{1/2}$ 程度である。
　⇒ 1/10

(3) 鋼材の線膨張係数は、常温において、普通コンクリートの線
　膨張係数の約 10 倍である。
　⇒ とほぼ等しい

(4) コンクリートのヤング係数は、応力ひずみ曲線上における $\underline{\text{圧縮}}$
　$\underline{\text{強度時の点}}$ と原点とを結ぶ直線の勾配で表される。
　⇒ 圧縮強度の 1/3 〜 1/4 の点

(9) JIS において、異形棒鋼 SD345 の $\underline{\text{引張強さ}}$ の下限値は、
　345N/mm² である。
　⇒ 降伏点

(10) コンクリートの短期許容圧縮応力度は長期許容圧縮応力度
　の $\underline{1.5}$ 倍である。
　⇒ 2 倍

3・2　鉄筋コンクリート構造
梁（1）
▶ p.32

問題 1
（❶ 主筋 ）（❷ あばら筋 ）（❸ 主筋 ）（❹ 曲げモーメント ）（❺ せん断力 ）（❻ 引張 ）（❼ 引張 ）（❽ 引張 ）（❾ 単筋 ）（❿ 複筋 ）（⓫ 引張 ）（⓬ 圧縮 ）（⓭ 複筋 ）［⓮ 0.67 ］
（⓯ 有効せい ）（⓰ 引張鉄筋 ）（⓱ 釣り合い鉄筋 ）

問題 2

引張鉄筋の断面積（ 4 本分 ）$a_t = (1548) \text{ mm}^2$

SD345 の長期許容引張応力度 $f_t =$ （ 215 ）N/mm²

梁の有効せい $d =$ （ 700mm － 60mm ）＝（ 640 ）mm

$$j = \left(\frac{7}{8} \times 640 \right) = （ 560 ）\text{mm}$$

長期許容曲げモーメント M_0

$$= （ 1548\text{mm}^2 \times 215\text{N/mm}^2 \times 560\text{mm} ）$$
$$= （ 186.4 \times 10^6 ）\text{N·mm}$$
$$= \underline{186.4\text{kN·m}}$$

問題 3

梁幅 $b =$ （ 300 ）mm

有効せい $d =$ （ 650 － 60 ）＝（ 590 ）mm

$$M = \begin{cases} （ 78.5 ）\text{kN·m} \quad （長期） \\ （ 107 + 78.5 ）= （ 185.5 ）\text{kN·m} \quad （短期） \end{cases}$$

$$C = \begin{cases} \dfrac{78.5 \times 10^6 \text{N·mm}}{300 \times 590^2} = （ 0.752 ）\text{N/mm}^2 \quad （長期） \\ \dfrac{185.5 \times 10^6 \text{N·mm}}{300 \times 590^2} = （ 1.78 ）\text{N/mm}^2 \quad （短期） \end{cases}$$

[TEXT]［付録 7（A）］より
[TEXT]［付録 7（B）］より $\quad p_t = \begin{cases} （ 0.38 ）\% \quad （長期） \\ （ 0.58 ）\% \quad （短期） \end{cases}$

よって $p_t =$ （ 0.58 ）%とする。

上端筋断面積 $a_t = \left(\dfrac{0.58}{100} \times 300 \times 590 \right) = （ 1027 ）\text{mm}^2$

$\gamma = 0.6$ だから

下端筋断面積 $a_c =$ （ 0.6 × 1027 ）＝（ 616.2 ）mm²

[TEXT]［付録 5］より

| 上端筋 D19（ 4 ）本 （ 1148 ）mm² |
| 下端筋 D19（ 3 ）本 （ 861 ）mm² |

3·3 鉄筋コンクリート構造 梁（2） ▶ p.36

問題 1

$a =$ （ 3500mm － 300mm ）＝（ 3200 ）mm

$0.5l =$ （ 0.5 × 6000mm ）＝（ 3000 ）mm

$a \boxed{>} 0.5l$

$b_a =$ （ 0.1 × 6000mm ）＝（ 600 ）mm

$B = 2b_a + b =$ （ 2 × 600mm + 300mm ）

$= \underline{（ 1500 ）\text{mm}}$

問題 2

$$a_t \geq \frac{M}{f_t \cdot j} = \left(\frac{120 \times 10^6 \text{N·mm}}{215\text{N/mm}^2 \times (7/8) \times 590\text{mm}} \right) = （ 1081 ）\text{mm}^2$$

$a_c =$ （ 0.5 × 1081mm² ）＝（ 541 ）mm²

圧縮鉄筋（上端筋）⇒ D19（ 2 ）本 －（ 574 ）mm²

引張鉄筋（下端筋）⇒ D19（ 4 ）本 －（ 1148 ）mm²

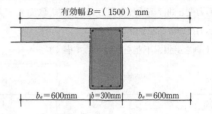

問題 3

（❶ 長方）（❷ 平行四辺）（❸ 引張）（❹ 引張）（❺ 斜め）
（❻ 直角）（❼ 引張）（❽ 10）（❾ $\frac{1}{2}$ ）（❿ 250）（⓫ 0.2）

問題 4

あばら筋の本数は副あばら筋も入れて 3 本である。

$$p_w = \frac{3\text{本} \times 71\text{mm}^2}{400\text{mm} \times 200\text{mm}} \times 100\% = \underline{0.27\%}$$

あばら筋比は（ 0.2 ）%以上必要だから　（ ⓞⓀ ・ NG ）

問題 5 ×は次の通り

(3)引張鉄筋比が釣合い鉄筋比を超える場合、梁の許容曲げモーメントを a_t（引張鉄筋の断面積）× f_t（引張鉄筋の許容引張応力度）× j（応力中心間距離）により計算した。

⇒以下の場合

(7)梁のせん断補強筋比を、0.1%以上とした。

⇒ 0.2%以上（梁のせん断補強筋とはあばら筋のこと）

3·4 鉄筋コンクリート構造 柱（1） ▶ p.40

問題 1 （❶ 圧縮）（❷ 曲げモーメント）（❸ せん断）（❹ 主筋）
（❺ 帯筋）

問題 2

①底面 A － A' に生じる圧縮力 $N =$ （ 240 ）kN

曲げモーメント （48）kN·m

②底面 A － A' の断面積 A（mm²）と断面係数 Z（mm³）

断 面 積 $A =$ （ 400mm × 600mm ）＝（ 240 ）× 10³mm²

断面係数 $Z = \dfrac{bh^2}{6} = \left(\dfrac{400\text{mm} \times 600\text{mm} \times 600\text{mm}}{6} \right)$

$= （ 24 ）\times 10^6 \text{mm}^3$

③底面 A－A' の圧縮応力度 σ_c （N/mm²）と曲げ応力度 σ_b （N/mm²）を求め、下に図化する。

$$圧縮応力度\ \sigma_c = \left(\frac{240 \times 10^3 \text{N}}{240 \times 10^3 \text{mm}^2}\right) = （1.0）\text{ N/mm}^2$$

$$曲げ応力度\ \sigma_b = \left(\frac{48 \times 10^6 \text{N·mm}}{24 \times 10^6 \text{mm}^3}\right) = （2.0）\text{ N/mm}^2$$

④圧縮応力度と曲げ応力度を足し合わせて、底面 A－A' の組合せ応力度の分布を図化する。

（軸の上側を引張、下側を圧縮として描く）

圧縮応力度　　　　曲げ応力度　　　　組合せ応力度

問題3

[X 軸についての検討]

① $b = 500\text{mm}$　　$D = 700\text{mm}$

$$\frac{N}{b \cdot D} = \frac{350 \times 10^3 \text{N}}{500\text{mm} \times 700\text{mm}} = \underline{1.0\text{N/mm}^2}$$

$$\frac{M_X}{b \cdot D^2} = \frac{250 \times 10^6 \text{N·mm}}{500\text{mm} \times (700\text{mm})^2} = \underline{1.0\text{N/mm}^2}$$

②圖［付録8（B）］より　引張鉄筋比 $p_t = 0.23\%$

③$a_t = \dfrac{p_t}{100} \cdot b \cdot D = \dfrac{0.23}{100} \times 500\text{mm} \times 700\text{mm} = \underline{805\text{mm}^2}$

　⇒　圖［付録5］⇒　（3）本－D19（861）mm²

[Y 軸についての検討]

$b = 700\text{mm}$　　$D = 500\text{mm}$

$$\frac{N}{b \cdot D} = \frac{350 \times 10^3 \text{N}}{700\text{mm} \times 500\text{mm}} = \underline{1.0\text{N/mm}^2}$$

$$\frac{M_Y}{b \cdot D^2} = \frac{230 \times 10^6 \text{N·mm}}{700\text{mm} \times (500\text{mm})^2} = \underline{1.31\text{N/mm}^2}$$

圖［付録8（B）］より　$p_t = 0.33\%$

$a_t = \dfrac{p_t}{100} \cdot b \cdot D = \dfrac{0.33}{100} \times 700\text{mm} \times 500\text{mm} = \underline{1155\text{mm}^2}$

　⇒　圖［付録5］⇒　（5）本－D19（1435）mm²

以上より断面図に配筋する。

[柱断面に対する主筋量の検討]

$$p_g = \frac{287 \times 12本}{700 \times 500} \times 100\% = \underline{0.984\%}$$

柱全主筋量は（0.8）%以上必要だから　（ (OK) ・ NG ）

問題1

● X 軸についての検討

	N/bD	M_X/bD^2	p_t（引張鉄筋比）
長　期	1.11N/mm²	0.694N/mm²	⇨ 0.14%
短期（$N = 570$kN）	1.58N/mm²	2.08N/mm²	⇨ 0.53%
短期（$N = 330$kN）	0.917N/mm²	2.08N/mm²	⇨ 0.63%

❶ 2268　❷ 6

● Y 軸についての検討

	N/bD	M_X/bD^2	p_t（引張鉄筋比）
長　期	1.11N/mm²	0.602N/mm²	⇨ 0.10%
短期（$N = 570$kN）	1.58N/mm²	1.39N/mm²	⇨ 0.28%
短期（$N = 330$kN）	0.917N/mm²	1.39N/mm²	⇨ 0.37%

❶ 1332　❷ 4

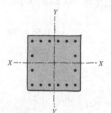

【柱断面に対する主筋量の検討】

❶ 0.8　❷ $p_g = \dfrac{387\text{mm}^2 \times 16本}{600\text{mm} \times 600\text{mm}} \times 100\%$　❸ 1.72　❹ OK

問題2　［❶ 450］［❷ 120］［❸ 570］［❹ 330］（❺ 大きく）（❻ 太径）（❼ 多数本）［❽ $\frac{1}{15}$］

$$\frac{a}{l} = \frac{600}{5000} = \frac{1}{8.3} > \frac{1}{15}　\Rightarrow　\text{OK}$$

問題3

i ）$N = 735$kN の場合

$$\frac{N}{b \cdot D} = \frac{735 \times 10^3 \text{N}}{500\text{mm} \times 500\text{mm}} = \underline{2.94\text{N/mm}^2}$$

$$\frac{M_X}{b \cdot D^2} = \frac{186 \times 10^6 \text{N·mm}}{500\text{mm} \times (500\text{mm})^2} = \underline{1.49\text{N/mm}^2}$$

圖［付録8（B）］より　$p_t = 0.16\%$

ii ）$N = 441$kN の場合

$$\frac{N}{b \cdot D} = \frac{441 \times 10^3 \text{N·mm}}{500\text{mm} \times 500\text{mm}} = \underline{1.76\text{N/mm}^2}$$

$$\frac{M_X}{b \cdot D^2} = \underline{1.49\text{N/mm}^2}$$

圖［付録8（B）］より　$p_t = 0.31\%$

ii）のケース（大きい方）$p_t = 0.31\%$ を採用する。

$$a_t = \frac{p_t}{100} \cdot b \cdot D = \frac{0.31}{100} \times 500\text{mm} \times 500\text{mm} = \underline{775\text{mm}^2}$$

⇒ D19 を 3 本（861）mm^2 で OK

[全主筋の鉄筋比 p_g を検討]

D19 1 本の断面積は287mm^2　主筋本数は 10 本だから

$$p_g = \frac{10 \times 287\text{mm}^2}{500\text{mm} \times 500\text{mm}} \times 100\% = \underline{1.15\%}$$

全主筋の鉄筋比は（0.8）%以上必要だから（ⓄⓀ ・ NG ）

問題4 【全主筋比】主筋は D19 が 8 本入っている。

$$p_g = \frac{8\text{本} \times 287\text{mm}^2}{500\text{mm} \times 500\text{mm}} \times 100\% = \underline{0.92\%}$$

【せん断補強筋比（帯筋比）】

p_w は地震力に対して直角方向の断面に対して算定する。したがって、せん断補強筋（帯筋）は D10 3 本である。

$$p_w = \frac{3\text{本} \times 71\text{mm}^2}{500\text{mm} \times 100\text{mm}} \times 100\% = \underline{0.43\%}$$

問題5 ×は次の通り

(4)帯筋・あばら筋は、せん断ひび割れの発生を抑制することを主な目的として設ける。

　⇒せん断ひび割れの発生を抑制するものではないが、ひび割れの伸展を防止し、部材のせん断終局強度を増大させる効果がある。

(5)柱のコンクリート全断面積に対する主筋全断面積の割合を$\underline{0.4\%}$とした。

　⇒ 0.8%以上

3·6 鉄筋コンクリート構造 床スラブ
▶ p.50

問題1

[❶ 80] [❷ 150] (❸ $0.02\left(\frac{\lambda - 0.7}{\lambda - 0.6}\right)\left(1 + \frac{w_p}{10} + \frac{l_x}{10000}\right)l_x$)

(❹ $\frac{l_x}{10}$) (❺ $\frac{l_y}{l_x}$) (❻ 短辺) (❼ 長辺) (❽ 積載)

(❾ 仕上) (❿ $\frac{1}{12}w_x l_x^2$) (⓫ $\frac{1}{18}w_x l_x^2$) (⓬ $\frac{1}{24}w l_x^2$)

(⓭ $\frac{1}{36}w l_x^2$) (⓮ 短辺) (⓯ 長辺) (⓰ 主) (⓱ 配力)

問題2

(1)① $\delta_A = \delta_B$ より

$$\frac{P_A(2l)^3}{48EI} = \frac{P_B l^3}{48EI} \qquad (P = P_A + P_B \text{である})$$

⇒ $8P_A = P_B$ ⇒ $\underline{P_A : P_B = 1 : 8}$

② $R_A : R_B = \frac{P_A}{2} : \frac{P_B}{2}$

$= P_A : P_B$ （←①より）

$= \underline{1 : 8}$

(2)最大曲げモーメント M_{max} は梁中央（荷重点）であり、「M_{max}＝反力×梁中央までの距離」だから

$M_A : M_B = R_A \times l : R_B \times \frac{l}{2}$ （←(1)の結果を代入する）

$= 1 \times l : 8 \times \frac{l}{2}$

$= \underline{1 : 4}$

(3)（ ❶ 短辺 ）（ ❷ しにくく ）

問題3

(1)$l_x = $（ 3780 ）mm　　$l_y = $（ 5750 ）mm

$$\lambda = \frac{l_y}{l_x} = \frac{5750}{3780} = \underline{1.52}$$

$$t = 0.02\left(\frac{1.52 - 0.7}{1.52 - 0.6}\right)\left(1 + \frac{4.2}{10} + \frac{3780}{10000}\right) \times 3780 = \underline{121\text{mm}}$$

⇒ 配筋を配慮して 150mm 厚とする。

$\underline{\text{スラブ厚} = 150\text{mm}}$

(2)鉄筋コンクリートの単位体積重量＝（ 24 ）kN/m^3

$w = $（ $4.2\text{kN/m}^2 + 24\text{kN/m}^3 \times 0.15\text{m}$ ）＝（ 7.8 ）kN/m^2

$w_x = \frac{l_y^4}{l_x^4 + l_y^4} \cdot w = \left(\frac{5.75^4}{3.78^4 + 5.75^4} \times 7.8\text{kN/m}^2\right) = $（ 6.57 ）$\text{kN/m}^2$

$M_x\text{(両端)} = \frac{1}{12} \times 6.57 \times 3.78^2 = $（ 7.82 ）$\text{kN·m}$

$M_y\text{(両端)} = \frac{1}{24} \times 7.8 \times 3.78^2 = $（ 4.64 ）$\text{kN·m}$

$M_x\text{(中央)} = \frac{1}{18} \times 6.57 \times 3.78^2 = $（ 5.21 ）$\text{kN·m}$

$M_y\text{(中央)} = \frac{1}{36} \times 7.8 \times 3.78^2 = $（ 3.10 ）$\text{kN·m}$

7.82kN·m　　7.82kN·m

5.21kN·m

x 方向曲げモーメント図
（短辺方向）

4.64kN·m　　4.64kN·m

3.10kN·m

y 方向曲げモーメント図
（長辺方向）

問題4

[❶ 10] [❷ 13] (❸ 短辺) (❹ 長辺) (❺ 外) (❻ 内) (❼ 主)

(❽ 配力) [❾ 200] [❿ 300] (⓫ スラブ鉄筋全断面積) (⓬ 0.2)

問題5

D10（71mm²）18本だから

$$\frac{18本 \times 71mm^2}{150mm \times 3900mm} \times 100\% = \underline{0.22\%} \quad > \quad 0.2\%$$

（ OK ・ NG ）

3·7 鉄筋コンクリート構造 地盤・基礎 ▶ p.54

問題1 （❶ 沖積 ）（❷ 洪積 ）（❸ 第三紀 ）（❹ 沖積 ）

問題2 （❶ レキ ）（❷ 砂 ）（❸ シルト ）（❹ 粘土 ）

問題3

（❶ 内部摩擦角 ）（❷ 液状化現象 ）（❸ 砂質土 ）（❹ 均一 ）
（❺ 細粒分 ）（❻ 軟弱な ）（❼ 液状化 ）（❽ 噴砂 ）（❾ 粘着力 ）
（❿ 圧密沈下 ）（⓫ 水 ）（⓬ 長時間 ）（⓭ 圧密 ）（⓮ 不同 ）

問題4 （❶ 浅いところ ）（❷ 沖積層 ）（❸ 以下 ）

液状化は、浅い所で起こる
軟弱地盤で起こる ⇒ **沖積層**
細粒分含有率が低い地盤で起こる ⇒ **以下**

問題5 （❶ 大きい ）（❷ 大きい ）（❸ 大きい ）（❹ 深い ）
（❺ 大きい ）（❻ 低い ）

問題6 （❶ ベタ ）（❷ 布 ）（❸ 複合 ）（❹ 独立 ）（❺ 独立 ）
（❻ 複合 ）（❼ 布 ）（❽ ベタ ）

問題7

$N' = 800$kN

$N_F = l^2 \times 1.2m \times 20$kN/m³ $= 24\,l^2$kN

$f_e = 200$kN/m² $\geq \dfrac{800 + 24\,l^2}{l^2}$

$l^2 \geq 4.54$

$l \geq 2.13 \quad \Rightarrow \quad \underline{l = 2.2m（切り上げる）}$

問題8 ×は次の通り

(2) 独立基礎は、布基礎やベタ基礎に比べて、不同沈下の抑制に有効である。
⇒独立基礎は底面が小さく、硬質地盤用

(3) 載荷と同時に短時間に生じる基礎の沈下を、「圧密沈下」という。

⇒「即時沈下」という。水はけのよい砂質土で起こる沈下現象である。

(5) 圧密沈下は、砂質土が荷重の作用によって、長い時間をかけて排水しながら体積を減少させる現象である。
⇒砂質土ではなく粘性土地盤で起こる現象

(6) 地下水が豊富に存在する場合、粘土主体の地層であっても、砂質土層と同程度に液状化が生じやすい。
⇒液状化現象は飽和砂質土で起こる。

(8) 液状化現象は、水で飽和した粘土が、振動・衝撃等による間隙水圧の上昇によってせん断抵抗を失う現象である。
⇒液状化現象は飽和砂質土で起こる。

(12) 一般に地盤において、堅い粘土質地盤は、密実な砂質地盤に比べて、許容応力度が大きい。
⇒密実な砂質地盤 ＞ 堅い粘土質地盤
（→ 📖 p.110 表3·8）

まとめ ▶ p.58

問題1

(1) 梁：主筋量の算定

[梁端部について]

M（長期）＝（ 100 ）kN·m

M（短期）＝（ 100 ＋ 80 ）＝（ 180 ）kN·m

梁幅 b ＝（350）mm　　　梁せい D ＝（600）mm

有効せい d ＝（600 － 60 ）＝（ 540 ）mm

曲げ応力度に関連する数値 C

（長期について）

$$C = \left(\frac{100 \times 10^6}{350 \times 540^2}\right) = (0.98)\text{N/mm}^2 \Rightarrow p_t = (0.50)\%$$

（短期について）

$$C = \left(\frac{180 \times 10^6}{350 \times 540^2}\right) = (1.76)\text{N/mm}^2 \Rightarrow p_t = (0.57)\%$$

したがって、$p_t = (0.57)$ ％とする（大きい方を選ぶ）。

$$a_t = \left(\frac{0.57}{100} \times 350 \times 540\right) = (1077.3)\text{mm}^2$$

複筋比 $\gamma = 0.6$ として、圧縮鉄筋の断面積 a_c を求める。

$a_c = (0.6 \times 1077.3) = (646.4)$ mm²

📖 [付録5] より、D19で本数を決める。

引張鉄筋（上端筋）D19（ 4 ）本（1148）mm²

圧縮鉄筋（下端筋）D19（ 3 ）本（861）mm²

[梁中央について]

M（長期）＝（ 90 ）kN·m

$$a_t \geq \left(\frac{M}{f_t \cdot j} = \frac{90 \times 10^6}{215 \times (7/8) \times 540} \right) = (\, 886 \,) \, \text{mm}^2$$

複筋比 $\gamma = 0.5$ として圧縮鉄筋の断面積 a_c を求める。

$$a_c = (\, 0.5 \times 886 \,) = (\, 443 \,) \, \text{mm}^2$$

[img][付録5] より、D19で本数を決める。

圧縮鉄筋（上端筋）D19（ 2 ）本（ 574 ）mm²

引張鉄筋（下端筋）D19（ 4 ）本（ 1148 ）mm²

(2) 柱：主筋量の算定【X 軸について】

圧縮力 N（長期）＝（ 110 ）kN

曲げモーメント M_X（長期）＝（ 100 ）kN·m

圧縮力 N（短期）＝（ 110 ＋ 25 ）

    ＝（135）kN（大きい場合）

圧縮力 N（短期）＝（ 110 － 25 ）

    ＝（85）kN（小さい場合）

曲げモーメント M_X（短期）＝（ 100 ＋ 80）

    ＝（ 180 ）kN·m

柱幅 b ＝（ 500 ）mm　　柱せい D ＝（ 600 ）mm

① 長期

$$\frac{N}{b \cdot D} = \left(\frac{110 \times 10^3}{500 \times 600} \right) = (\, 0.37 \,) \, \text{N/mm}^2$$

$$\frac{M_X}{b \cdot D^2} = \left(\frac{100 \times 10^6}{500 \times 600^2} \right) = (\, 0.56 \,) \, \text{N/mm}^2$$

② 短期（N が大きい場合）

$$\frac{N}{b \cdot D} = \left(\frac{135 \times 10^3}{500 \times 600} \right) = (\, 0.45 \,) \, \text{N/mm}^2$$

$$\frac{M_X}{b \cdot D^2} = \left(\frac{180 \times 10^6}{500 \times 600^2} \right) = (\, 1.0 \,) \, \text{N/mm}^2$$

③ 短期（N が小さい場合）

$$\frac{N}{b \cdot D} = \left(\frac{85 \times 10^3}{500 \times 600} \right) = (\, 0.28 \,) \, \text{N/mm}^2$$

$$\frac{M_X}{b \cdot D^2} = \left(\frac{180 \times 10^6}{500 \times 600^2} \right) = (\, 1.0 \,) \, \text{N/mm}^2$$

①②③それぞれの場合について、[img][付録8（A）（B）] より

引張鉄筋比 p_t を読み取る。

①長期　⇒　p_t ＝（ 0.22 ）％

②短期（N が大きい場合）　⇒　p_t ＝（ 0.30 ）％

③短期（N が小さい場合）　⇒　p_t ＝（ 0.32 ）％

したがって、p_t ＝（ 0.32 ）％（最大値）とする。

$$a_t = \left(\frac{0.32}{100} \times 500 \times 600 \right) = (\, 960 \,) \, \text{mm}^2$$

[img][付録5] より、D19で本数を決める。

D19（ 4 ）本（ 1148 ）mm²

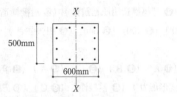

[柱の全主筋の鉄筋比の検討]

$$p_g = \left(\frac{12 \times 287}{500 \times 600} \times 100 \right) = (\, 1.15 \,) \, \%$$

    p_g は（ 0.8 ）％以上必要だから　　**OK** ・ NG

(3) 梁：あばら筋の検討

$$p_w = \left(\frac{2 \times 71}{350 \times 200} \times 100 \right) = (\, 0.203 \,) \, \%$$

    p_w は（ 0.2 ）％以上必要だから　　**OK** ・ NG

(4) 柱：帯筋の検討

$$p_w = \left(\frac{2 \times 71}{600 \times 100} \times 100 \right) = (\, 0.24 \,) \, \%$$

    p_w は（ 0.2 ）％以上必要だから　　**OK** ・ NG

$b = 600\text{mm}$ で OK なら、$b = 500\text{mm}$ の場合も OK である。

問題2

地盤の長期許容応力度 f_e ＝（ 200 ）kN/m²

（→ [img] p.110 表3·8 より）

$N' = 660\text{kN}$

$N_F = l^2 \times 1.2\text{m} \times 20\text{kN/m}^3 = 24 l^2 \text{kN}$

$$f_e = 200\text{kN/m}^2 \geq \frac{660 + 24\, l^2}{l^2}$$

$l^2 \geq 3.75$

$l \geq 1.94 \;\; \Rightarrow \;\; \underline{l = 2.0\text{m}}$

4·1　鉄骨構造
構造・鋼材　　　▶ p.62

問題1　（❶ 引張強さ）（❷ 降伏点）（❸ 強度）（❹ 靭性）
（❺ 塑性変形）（❻ 引張強さ）（❼ 降伏比）（❽ 降伏応力度）
（❾ 引張強さ）（❿ 小さい）（⓫ ヤング係数）[⓬ 2.05×10^5]
（⓭ 一定）

問題2 （❶ 強度）（❷ 断面）（❸ 靭性）（❹ 塑性変形）（❺ 変形能力）（❻ 座屈）（❼ 曲げ）（❽ 局部）（❾ 横）（❿ たわみ）（⓫ 火）（⓬ 耐火被覆）（⓭ 錆び）

問題3 （❶ 建築構造用圧延鋼材）（❷ 溶接構造用圧延鋼材）（❸ SS490）［❹ 400］［❺ 540］（❻ 引張強さ）（❼ 降伏点）

問題4 （❶ A）（❷ B）（❸ C）（❹ A）（❺ 溶接）（❻ B）（❼ 塑性変形能力）（❽ 溶接性）（❾ C）（❿ 塑性変形能力）（⓫ 溶接性）（⓬ 板厚方向）

SN材の種類	降伏点・降伏比の上限値の規定	溶接性	板厚方向の引張力に対する性能	シャルピー吸収エネルギーの規定
A	なし	可	なし	なし
B	あり	良好	なし	27以上
C	あり	良好	あり	27以上

（⓭ 小梁）（⓮ A）（⓯ 大梁）（⓰ B）（⓱ 通しダイアフラム）（⓲ C）

問題5

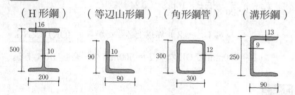

（H形鋼）（等辺山形鋼）（角形鋼管）（溝形鋼）

問題6 （❶ 引張強さ）（❷ 短期許容応力度）（❸ 長期許容応力度）

問題7 ×は次の通り

(1)建築構造用圧延鋼材は、SM材と呼ばれ、JISにより建築物固有の要求性能を考慮して規格化された鋼材である。
　⇒ SN材

(5)SS400は、一般構造用角形鋼管の一種である。
　⇒一般構造用圧延鋼材

(7)溶接構造用圧延鋼材SM490Aの降伏点の下限値は、490N/mm²である。
　⇒引張強さ

(9)「建築構造用圧延鋼材SN400」は、溶接接合を用いる建築物の場合、一般に、A種を用いる。
　⇒ BまたはC種

(11)「建築構造用圧延鋼材SN400」は、通しダイアフラムには、一般に、B種を用いる。
　⇒ C種

(13)常温における鋼材のヤング係数は、SS400材よりSM490材のほうが大きい。
　⇒強度によらず等しい

(15)降伏点が240N/mm²、引張強さが400N/mm²の場合、降伏比は1.7である。
　⇒ 240 ／ 400 ＝ 0.6

(16)降伏比が大きいほど、塑性変形能力が高い鋼材である。
　⇒小さい

4・2 鉄骨構造 接合法 ▶ p.66

問題1 （❶ 完全溶け込み）（❷ エンドタブ）（❸ 開先）（❹ 裏あて金）（❺ 有効長さ）（❻ 有効のど厚）（❼ 有効長さ）（❽ 有効のど厚）

問題2

有効のど厚 a ＝（12）mm

完全溶け込み溶接の長期許容引張応力度
$$f_t ＝（156）N/mm² （→ [付録11]）$$
$$f_t × A ≧ P$$
$$156 × 12 × l ≧ 800 × 10^3 N$$
$$l ≧ 428mm （小数点以下切り上げ）$$

問題3

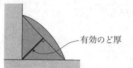

有効のど厚

（❶ 隅肉）（❷ サイズ）（❸ 有効長さ）（❹ 有効断面積）（❺ 溶接全長）［❻ 2］（❼ サイズ）［❽ 0.7］（❾ サイズ）（❿ 有効長さ）（⓫ 有効のど厚）

問題4

有効のど厚 $a ＝（0.7 × 8mm）＝（5.6）mm$

有効断面積 $A ＝ 2面 × l ×（5.6）mm²$

隅肉溶接の長期許容せん断応力度 $f_s ＝（90.4）N/mm²$
（→ [付録11]）
$$f_s × A ≧ P$$
$$90.4 × 2 × l × 5.6 ≧ 500 × 10^3 N$$
$$l ≧ 494mm （小数点以下切り上げ）$$

溶接全長 l_0 は有効長さ l の両側にサイズ8mmを加えて
$$l_0 ≧ 494 ＋ 2 × 8 ＝ 510mm$$

有効長さ $l ≧ 494mm$ 　　溶接全長 $l_0 ≧ 510mm$

問題5 ×は次の通り

(2) 高力ボルトの摩擦接合において、1面摩擦の許容せん断力は、2面摩擦の許容せん断力の 2/3 倍とした。

⇒2 倍

(6) 完全溶け込み溶接の有効のど厚は、一般に、厚いほうの母材の厚さとする。

⇒薄い

(7) 構造計算に用いる隅肉溶接の溶接部の有効断面積は、(溶接の有効長さ) × (隅肉のサイズ) により算出する。

⇒有効のど厚

(8) 隅肉溶接の有効長さは、溶接の全長から隅肉サイズを減じて算出する。

⇒サイズの 2 倍

(11) 溶接継目ののど断面に対する短期許容引張応力度は、長期許容引張応力度の 2 倍である。

⇒1.5 倍

4·3 鉄骨構造 引張材

▶ p.70

問題1

(a) $10\text{mm} \times (400\text{mm} - 25\text{mm}) = \underline{3750\text{mm}^2}$

(b) $10\text{mm} \times (400\text{mm} - 2 \times 25\text{mm}) = \underline{3500\text{mm}^2}$

問題2

[高力ボルトの検討]

M22 (F10T) 1 本の許容せん断耐力 (1 面摩擦接合)

= (57.0) $\text{kN} \times \underline{1.5\text{ 倍 (短期)}}$ (➜ 📖 [付録 10])

= (85.5) kN

(検討式) 3 本× 85.5kN $= \underline{256.5\text{kN}} > 220\text{kN}$

(OK) · NG

[山形鋼の検討]

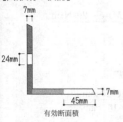

有効断面積

L − 90 × 90 × 7 の全断面積 $A =$ (1222) mm^2

(➜ 📖 [付録 12])

SN400B の短期許容引張応力度 $f_t =$ (235) N/mm^2

(➜ 📖 [付録 9])

$A_n = 1222\text{mm}^2 - 45\text{mm} \times 7\text{mm} - 24\text{mm} \times 7\text{mm}$

$= 739\text{mm}^2$

$\sigma_t = \dfrac{N_t}{A_n} = \dfrac{220 \times 10^3 \text{N}}{739\text{mm}^2}$

$= \underline{297.7\text{N/mm}^2} > f_t = 235\text{N/mm}^2$

引張応力度は許容引張応力度を超えている！

山形鋼の安全性　OK · (NG)

問題3

[高力ボルトの検討]

M20 (F10T) 1 本の許容せん断耐力 (2 面摩擦接合)

= (94.2) $\text{kN} \times \underline{1.5\text{ 倍 (短期)}}$ (➜ 📖 [付録 10])

= (141.3) kN

3 本× 141.3kN $= \underline{423.9\text{kN}} > 400\text{kN}$

(OK) · NG

[山形鋼の検討]

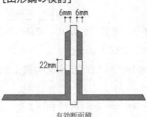

有効断面積

L − 90 × 90 × 6 の全断面積 $A =$ (1055) mm^2

(➜ 📖 [付録 12])

SN400B の短期許容引張応力度 $f_t =$ (235) N/mm^2

(➜ 📖 [付録 9])

$A_n =$ ($1055\text{mm}^2 - 22\text{mm} \times 6\text{mm}$) $\times 2 = \underline{1846\text{mm}^2}$

$\sigma_t = \dfrac{N_t}{A_n} = \dfrac{400 \times 10^3 \text{N}}{1846\text{mm}^2}$

$= \underline{216.7\text{N/mm}^2} < f_t = 235\text{N/mm}^2$

山形鋼の安全性 (OK) · NG

問題4 ×は次の通り

(1) 引張材の有効断面積は、ボルト孔による断面欠損のみを考慮して算出する。

⇒ボルト孔と突出部の断面欠損

(2) 山形鋼を用いた引張筋かいを、ガセットプレートの片側だけに接合する場合は、有効断面積はボルト孔による断面欠損および突出脚断面全体を無効として引張応力度を算出する。

⇒断面の先端 1/2

問題1

(**❶** $\dfrac{\pi^2 EI}{l_k^2 \cdot A}$) (**❷** $\dfrac{\pi^2 Ei^2}{l_k^2}$) (**❸** $i = \sqrt{\dfrac{I}{A}}$) (**❹** $\dfrac{\pi^2 E}{\lambda^2}$)

(**❺** $\lambda = \dfrac{l_k}{i}$) (**❻** 細長く) (**❼** しやすい) (**❽** 太短く)

(**❾** しにくい)

問題2

(1) 断面2次モーメント $I_y =$ (134) $\times 10^4 \text{mm}^4$（弱軸 y について の値）（➡ 🔲 [付録13]）

座屈長さ $l_k =$ (2000) mm

$$座屈荷重\ P_k = \frac{\pi^2 EI_y}{l_k^2} = \frac{\pi^2 \times 2.05 \times 10^5 \times 134 \times 10^4}{(2000)^2}$$

$$= \underline{677795\text{N}}$$

$$P_k = \underline{678\text{kN}}$$

(2)① 柱の断面積 A、断面2次半径 i_y を 🔲 [付録13] で調べる。

$A =$ (2667) mm^2 $i_y =$ (22.4) mm

② 細長比 λ を求め、🔲 [付録16] から許容圧縮応力度 f_c を 調べる。

$$細長比\ \lambda = \frac{l_k}{i_y} = \frac{2000\text{mm}}{22.4\text{mm}} = \underline{90} \Rightarrow 🔲 [付録16] より$$

$$f_c = \underline{96.9\text{N/mm}^2}$$

③ 柱に生じる圧縮応力度 σ_c を求める。

$$圧縮応力度\ \sigma_c = \frac{N}{A} = \frac{250 \times 10^3 \text{N}}{2667\text{mm}^2} = \underline{93.7\text{N/mm}^2}$$

④ 圧縮応力度 σ_c と許容圧縮応力度 f_c を比較して柱の安全性 を確認する。

圧縮応力度 $\sigma_c = 93.7\text{N/mm}^2 < f_c = \mathbf{96.9\text{N/mm}^2}$

圧縮応力度が許容圧縮応力度より小さいので安全である。

⃝OK ・ NG

問題3

(1) 溝形鋼：⌐－ 250 × 90 × 9 × 13

[フランジの検討] 🔲 p.137 の表4·4 より制限値＝ 16

$$幅厚比\ \frac{b}{t} = \frac{90\text{mm}}{13\text{mm}} = 6.9 < 16 \Rightarrow \text{OK}$$

[ウェブの検討] 🔲 p.137 の表4·4 より制限値＝ 48

$$幅厚比\ \frac{b}{t} = \frac{250\text{mm} - 2 \times 13\text{mm}}{9\text{mm}} = 25 < 48 \Rightarrow \underline{\text{OK}}$$

よって、全断面有効である。

(2) 角形鋼管：□－ 300 × 300 × 4.5

[フランジ・ウェブの検討] 表4·4 より制限値＝ 48

$$幅厚比\ \frac{b}{t} = \frac{300\text{mm} - 2 \times 4.5\text{mm}}{4.5\text{mm}} = 65 > 48 \Rightarrow \underline{\text{NG}}$$

問題4 ×は次の通り

(2) 細長比の大きい部材ほど、座屈の影響によって、許容圧縮 力度は大きくなる。

⇒小さく

(4) 断面2次半径が大きいほど、許容圧縮応力度は小さくなる。

⇒断面2次半径が大きいと細長比は小さくなり、結果、許容圧縮 力度は大きくなる。

(5) 弾性座屈荷重は、座屈長さに比例する。

⇒2乗に反比例する

(9) 鉄骨部材は、板要素の幅厚比や鋼管の径厚比が小さいものほ ど、局部座屈を起こしやすい。

⇒起こしにくい

問題1 (**❶** 曲げモーメント) (**❷** せん断力) (**❸** フランジ) (**❹** ウェブ) (**❺** 曲げモーメント) (**❻** $N_f \times j$) (**❼** せん断力) (**❽** 横) (**❾** 横補剛)

問題2

(1) 🔲 [付録9] より

長期許容曲げ応力度 $f_b =$ (156) N/mm^2

長期許容せん断応力度 $f_s =$ (90.4) N/mm^2

せん断力図

$Q_{\max} = 5\text{kN}$

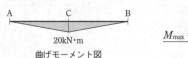

20kN·m

曲げモーメント図

$M_{\max} = 20\text{kN·m}$

(2) 🔲 [付録13] より

断面係数 $Z_x =$ (138) $\times 10^3 \text{mm}^3$

$$曲げ応力度\ \sigma_b = \frac{M_{\max}}{Z_x} = \frac{20 \times 10^6 \text{N·mm}}{138 \times 10^3 \text{mm}}$$

$$= \underline{145\text{N/mm}^2} < f_b = 156\text{N/mm}^2$$

⃝OK ・ NG

(3) ウェブの断面積 $A_w = ($ (175 − 2 × 8) × 5)

$= ($ 795) mm^2

せん断応力度 $\tau = \dfrac{Q_{\max}}{A_w} = \dfrac{5 \times 10^3\,\mathrm{N}}{795\,\mathrm{mm}^2}$

$\qquad\qquad = \underline{6.29\,\mathrm{N/mm}^2} < f_s = 90.4\,\mathrm{N/mm}^2$

(OK)・NG

(4) 鋼材のヤング係数 $E = （2.05）\times 10^5\,\mathrm{N/mm}^2$

梁材の断面2次モーメント $I_x = （1210）\times 10^4\,\mathrm{mm}^4$

たわみの制限値 $l/300 = （8000\,\mathrm{mm}/300） = （26）\,\mathrm{mm}$

たわみ $\delta = \dfrac{Pl^3}{48EI} = \dfrac{10 \times 10^3\,\mathrm{N} \times (8000\,\mathrm{mm})^3}{48 \times 2.05 \times 10^5\,\mathrm{N/mm}^2 \times 1210 \times 10^4\,\mathrm{mm}^4}$

$\qquad = \underline{43\,\mathrm{mm}} > 26\,\mathrm{mm}$

OK・(NG)

(5) たわみの制限値（26）mm をクリアするため、梁断面を変更して、断面2次モーメント I を大きくします。

$26\,\mathrm{mm} \geqq \dfrac{Pl^3}{48EI} \Rightarrow I \geqq \dfrac{Pl^3}{48E \cdot 26\,\mathrm{mm}}$

$\qquad I \geqq \dfrac{10 \times 10^3\,\mathrm{N} \times (8000\,\mathrm{mm})^3}{48 \times 2.05 \times 10^5\,\mathrm{N/mm}^2 \times 26\,\mathrm{mm}}$

$\qquad I \geqq 2002 \times 10^4\,\mathrm{mm}^4$

断面2次モーメント I_x が $2002 \times 10^4\,\mathrm{mm}^4$ 以上の H 形鋼を [付録13] で探します。

H $- 200 \times 150 \times 6 \times 9 \Rightarrow I_x = 2630 \times 10^4\,\mathrm{mm}^4$

H $-（200 \times 150 \times 6 \times 9）$

問題3 ×は次の通り

(1) H 形鋼を梁に用いる場合、曲げモーメントを<u>ウェブ</u>で、せん断力を<u>フランジ</u>で負担させるものとする。

⇒曲げモーメントは「フランジ」、せん断力は「ウェブ」で負担させる。

(6) 梁の横座屈を拘束するために、適正な間隔で<u>スチフナ</u>を設けた。

⇒横座屈を防止するには、横補剛材を入れる。スチフナは局部座屈の防止。

（→ [付録] p.138）

(8) 梁に生じる力に対する<u>安全性</u>を確保するため、たわみは制限値以下に抑える必要がある。

⇒たわみの制限は使用性・居住性を確保するためにある。

(11) 梁のたわみを小さくするため、<u>強度の大きな鋼材</u>を使用した。

⇒鋼材は強度にかかわらず、ヤング係数は一定値（$2.05 \times 10^5\,\mathrm{N/mm}^2$）である。ヤング係数が変わらなければたわみも変わらない。

問題1 （❶ 圧縮力）（❷ 曲げモーメント）（❸ せん断力）（❹ 両）（❺ 横座屈）（❻ 閉鎖）（❼ 作業）（❽ 異なる）（❾ ブレース）（❿ 強）（⓫ 横座屈）（⓬ 作業性）（⓭ コスト）

問題2 ×は次の通り

(3) ベースプレートの四周にアンカーボルトを用いた露出型柱脚とする場合、柱脚に<u>曲げモーメントは生じない</u>ものとし、軸方向力及びせん断力に対して柱脚を設計する。

⇒露出型柱脚が半固定であり、固定度に応じて曲げモーメントが生じる。

問題3

(1) $l_k = （6000）\,\mathrm{mm}$

(2) [付録14] より □$- 300 \times 300 \times 6$

$\Rightarrow \begin{cases} \text{断面積 } A = （6963）\,\mathrm{mm}^2 \\ \text{断面係数 } Z = （664）\times 10^3\,\mathrm{mm}^3 \end{cases}$

$\sigma_c = \dfrac{N}{A} = \dfrac{230 \times 10^3\,\mathrm{N}}{6963\,\mathrm{mm}^2} = 33.0\,\mathrm{N/mm}^2$

$\sigma_b = \dfrac{M}{Z} = \dfrac{50 \times 10^6\,\mathrm{N \cdot mm}}{664 \times 10^3\,\mathrm{mm}^3} = 75.3\,\mathrm{N/mm}^2$

(3) [許容圧縮応力度 f_c について]

[付録14] より 断面2次半径 $i = （120）\,\mathrm{mm}$

細長比 $\lambda = \dfrac{l_k}{i} = \left(\dfrac{6000\,\mathrm{mm}}{120\,\mathrm{mm}}\right) = （50）$

$\Rightarrow$ [付録16] より $f_c = 135\,\mathrm{N/mm}^2$

[許容曲げ応力度 f_b について]

角形鋼管は（横）座屈を起こさないので [付録9] の値をそのまま使うことができる。

$f_b = 156\,\mathrm{N/mm}^2$

(4) [圧縮応力度＋曲げ応力度について]

$\dfrac{\sigma_b}{f_b} + \dfrac{\sigma_c}{f_c} = \dfrac{75.3\,\mathrm{N/mm}^2}{156\,\mathrm{N/mm}^2} + \dfrac{33.0\,\mathrm{N/mm}^2}{135\,\mathrm{N/mm}^2} = 0.73 < 1$

(OK)・NG

[せん断応力度について]

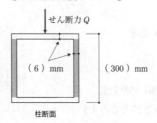

柱断面

せん断力に対抗する部分の断面積 A_w

$$= （2×6mm×（300mm－2×6mm））$$
$$= （3456）mm^2$$

🔖［付録9］より　許容せん断応力度 f_s ＝ 90.4N/mm²

$$せん断応力度 \tau = \frac{Q}{A_w} = \frac{100×10^3N}{3456mm^2}$$
$$= 28.9N/mm^2 ＜ f_s = 90.4N/mm^2$$

$$\boxed{OK}・NG$$

4・7　鉄骨構造　接合部
▶ p.86

問題1　（❶ 存在応力度）（❷ 存在）（❸ 全強）（❹ 許容）（❺ 継手）（❻ 現場）（❼ 仕口）（❽ 工場）［❾ 1］（❿ 2面摩擦）（⓫ 1面摩擦）（⓬ 溶接）（⓭ 2面摩擦）（⓮ 曲げモーメント）（⓯ せん断力）（⓰ フランジ）（⓱ ウェブ）

問題2

[フランジの高力ボルト本数の算定]

鋼材 SN400B の f_t（長期）＝（156）N/mm²（➡ 🔖［付録9］）
フランジの断面積 A_f ＝（200×16）＝（3200）mm²

$$N_f = f_t × A_f = （156×3200）=（499.2）×10^3N$$
$$= （499.2）kN$$

高力ボルト M20（F10T）1本あたりのせん断耐力 R_s ＝（114）kN（➡ 🔖［付録10］（2面摩擦接合））

🔖 p.153 の式 4-16 より高力ボルトの本数 n_f は

$$n_f ≧ \frac{N_f}{R_s} = \frac{499.2kN}{114kN} = \underline{4.4 本} ⇒ （フランジは偶数本）$$
$$n_f = 6 本$$

[ウェブの高力ボルト本数の算定]

鋼材 SN400B の f_s（長期）＝（90.4）N/mm²（➡ 🔖［付録9］）
ウェブの断面積 A_w ＝（（500－2×16）×10）
$$= （4680）mm^2$$

$$Q = f_s × A_w = （90.4×4680）=（423.1）×10^3N$$
$$= （423.1）kN$$

🔖 p.154 の式 4-18 より高力ボルトの本数 n_w は

$$n_w ≧ \frac{Q}{R_s} = \frac{423.1kN}{114kN} = \underline{3.7 本} ⇒ n_f = 4 本$$

問題3　（❶ 完全溶け込み）（❷ 隅肉）

問題4

[フランジ部（完全溶け込み溶接）の検討]

手順1　フランジに生じる引張力 N_f を求めます。

$$j = （500－16）=（484）mm$$

$$N_f（長期）= \frac{M（長期）}{j} = \left(\frac{200×10^6N・mm}{484mm} \right)$$
$$= （413）×10^3N =（413）kN$$

手順2　完全溶け込み溶接の有効断面積 A を求めます。

有効のど厚 a ＝フランジ厚＝（16）mm
有効長さ l ＝フランジ幅　＝（200）mm
有効断面積 $A = a × l = （16×200）=（3200）mm^2$

手順3　溶接の有効断面に生じる引張・圧縮応力度 σ を求め、σ と溶接継目の長期許容引張応力度 f_t（➡ 🔖［付録11］）とを比較して安全性を検討します。

$$\sigma（長期）= \frac{N_f（長期）}{A} = \left(\frac{413×10^6N}{3200mm^2} \right)$$
$$= （129）N/mm^2 ＜ f_t（長期）$$
$$= （156）N/mm^2$$

$$\boxed{OK}・NG$$

[ウェブ部（両面隅肉溶接）の検討]

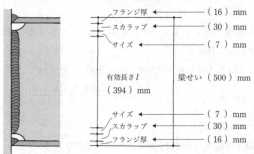

フランジ厚 ◀（16）mm
スカラップ ◀（30）mm
サイズ ◀（7）mm
有効長さ l（394）mm　梁せい（500）mm
サイズ ◀（7）mm
スカラップ ◀（30）mm
フランジ厚 ◀（16）mm

手順1　両面隅肉溶接の有効断面積 A を求めます。

有効のど厚 a ＝（0.7）×サイズ s ＝（0.7×7mm）
$$= （4.9）mm$$
有効長さ l ＝

$$（500mm－\underset{フランジ厚}{2×16mm}－\underset{スカラップ}{2×36mm}－\underset{サイズ}{2×7mm}）$$
$$= （394）mm$$

有効断面積 $A = 2 面 × a × l = （2×4.9mm×394mm）$
$$= （3861.2）mm^2$$

手順2　溶接の有効断面に生じるせん断応力度 τ を求め、τ と溶接継目の長期許容せん断応力度 f_s（➡ 🔖［付録11］）とを比較して安全性を検討します。

$$\tau（長期）= \frac{Q（長期）}{A} = \left(\frac{150×10^3N}{3861.2mm^2} \right)$$
$$= （38.8）N/mm^2 ＜ f_s（長期）$$
$$= （90.4）N/mm^2$$

$$\boxed{OK}・NG$$

(1) 断面性能

		断面積 A (mm²)	断面2次 モーメント I_x (× 10⁴mm⁴)	断面係数 Z_x (× 10³mm³)
梁	H − 450 × 200 × 9 × 14	9543	32900	1460
柱	□ − 300 × 300 × 12	13450	18300	1220

許容曲げ応力度f_b（長期）＝（ 156 ）N/mm²

f_b（短期）＝（ 235 ）N/mm²

許容せん断応力度f_s（長期）＝（ 90.4 ）N/mm²

f_s（短期）＝（ 135 ）N/mm²

(2) 梁の検討

[曲げモーメントについて]

M（長期）＝（ 140 ）kN·m

M（短期）＝（ 140 ＋ 65 ）＝（ 205 ）kN·m

曲げ応力度σ_bを求め、許容曲げ応力度と比較して安全性を検討する。

$$\sigma_b（長期）＝\left(\frac{140 \times 10^6}{1460 \times 10^3}\right)$$

$$＝（ 95.9 ）N/mm² ＜ f_b（長期）＝156N/mm²$$
$$⇒　\boxed{OK}・NG$$

$$\sigma_b（短期）＝\left(\frac{205 \times 10^6}{1460 \times 10^3}\right)$$

$$＝（ 140.4 ）N/mm² ＜ f_b（短期）＝235N/mm²$$
$$⇒　\boxed{OK}・NG$$

[せん断力について]

Q（長期）＝（ 115 ）kN

Q（短期）＝（ 115 ＋ 16.25 ）＝（ 131.25 ）kN

A_w＝（（450 − 2 × 14）× 9）＝（ 3798 ）mm²

せん断応力度τを求め、許容せん断応力度と比較して安全性を検討する。

$$\tau（長期）＝\left(\frac{115 \times 10^3}{3798}\right)$$

$$＝（ 30.3 ）N/mm² ＜ f_s（長期）$$
$$＝90.4N/mm²$$
$$⇒　\boxed{OK}・NG$$

$$\tau（短期）＝\left(\frac{131.25 \times 10^3}{3798}\right)$$

$$＝（ 34.6 ）N/mm² ＜ f_s（短期）$$
$$＝135N/mm²$$
$$⇒　\boxed{OK}・NG$$

[たわみについて]

$$\delta ＝\left(\frac{2.5 \times 30 \times (8000)^4}{384 \times 2.05 \times 10^5 \times 32900 \times 10^4}\right)$$

$$＝（ 12 ）mm ＜ たわみの制限値\left(\frac{8000}{300}\right)＝（ 26 ）mm$$
$$⇒　\boxed{OK}・NG$$

(3) 柱の検討

[圧縮力＋曲げモーメントについて]

N（長期）＝（ 115 ）kN

N（短期）＝（ 115 ＋ 20 ）＝（ 135 ）kN

M（長期）＝（ 140 ）kN·m

M（短期）＝（ 140 ＋ 65 ）＝（ 205 ）kN·m

圧縮応力度σ_cを求める。

$$\sigma_c（長期）＝\left(\frac{115 \times 10^3}{13450}\right)＝（ 8.55 ）N/mm²$$

$$\sigma_c（短期）＝\left(\frac{135 \times 10^3}{13450}\right)＝（ 10.0 ）N/mm²$$

曲げ応力度σ_bを求める。

$$\sigma_b（長期）＝\left(\frac{140 \times 10^6}{1220 \times 10^3}\right)＝（ 115 ）N/mm²$$

$$\sigma_b（短期）＝\left(\frac{205 \times 10^6}{1220 \times 10^3}\right)＝（ 168 ）N/mm²$$

角形鋼管は（ 横座屈 ）しないので、許容曲げ応力f_bについては 🖼[付録9] の値をそのまま使う。

$$f_b（長期）＝（ 156 ）N/mm²$$

$$f_b（短期）＝（ 235 ）N/mm²$$

断面2次半径i＝（ 117 ）mm（➜ 🖼[付録14]）

細長比を計算し、🖼[付録16] より許容圧縮応力度f_cを決める。

$$細長比 \lambda ＝\left(\frac{4500}{117}\right)＝（ 39 ）$$

$$⇒　f_c（長期）＝（ 143 ）N/mm²$$

$$f_c（短期）＝1.5 \times f_c（長期）＝（ 214.5 ）N/mm²$$

式4-13 より、柱の安全性を検討する。

（長期について）

$$\left(\frac{115}{156} ＋ \frac{8.55}{143}\right)＝（ 0.80 ）＜ 1 ⇒　\boxed{OK}・NG$$

（短期について）

$$\left(\frac{168}{235} ＋ \frac{10.0}{214.5}\right)＝（ 0.76 ）＜ 1 ⇒　\boxed{OK}・NG$$

[せん断力について]

Q（長期）＝（ 52.5 ）kN

Q（短期）＝（ 52.5 ＋ 35 ）＝（ 87.5 ）kN

A_w＝（（300 − 2 × 12）× 12 × 2）＝（ 6624 ）mm²

せん断応力度τを求め、許容せん断応力度と比較して安全性

を検討する。

$$\tau\,(長期) = \left(\frac{52.5\times10^3}{6624}\right)$$

$$= (7.93)\,\text{N/mm}^2 < f_s\,(長期) = 90.4\text{N/mm}^2$$

$$\Rightarrow \quad \underline{\text{OK}} \cdot \text{NG}$$

$$\tau\,(短期) = \left(\frac{87.5\times10^3}{6624}\right)$$

$$= (13.2)\,\text{N/mm}^2 < f_s\,(短期) = 135\text{N/mm}^2$$

$$\Rightarrow \quad \underline{\text{OK}} \cdot \text{NG}$$

(4) 継手（高力ボルト接合）の検討

[フランジについて]

SN400B の許容引張応力度 $f_t = (156)\,\text{N/mm}^2$

フランジの断面積 $A_f = (200\times14) = (2800)\,\text{mm}^2$

許容引張力 $N_f = (156\times2800) = (436.8\times10^3)\,\text{N}$

$$= (436.8)\,\text{kN}$$

高力ボルト（M20（F10T）2面摩擦）1本あたりの許容せん断力 $R_s = (94.2)\,\text{kN}$（→ 📖［付録10］）

フランジの高力ボルト本数 n_f を決める。

$$n_f \geq \left(\frac{436.8}{94.2}\right) = (4.6)\,本$$

$$\Rightarrow \quad n_f = \underline{(6)\,本} \quad とする（偶数）。$$

[ウェブについて]

SN400B の許容せん断応力度 $f_s = (90.4)\,\text{N/mm}^2$

ウェブの断面積 $A_w = ((450-2\times14)\times9)$

$$= (3798)\,\text{mm}^2$$

許容せん断力 $Q = (90.4\times3798)$

$$= (343.3\times10^3)\,\text{N} = (343.3)\,\text{kN}$$

ウェブの高力ボルト本数 n_w を決める。

$$n_w \geq \left(\frac{343.3}{94.2}\right) = (3.6)\,本$$

$$\Rightarrow \quad n_w = \underline{(4)\,本} \quad とする。$$

(5) 仕口（溶接）の検討

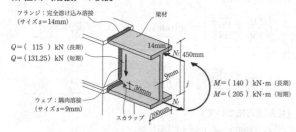

フランジ：完全溶け込み溶接
（サイズ $s=14\text{mm}$）

梁材

$Q = (115)\,\text{kN}$（長期）
$Q = (131.25)\,\text{kN}$（短期）

14mm
450mm
9mm
30mm
200mm

ウェブ：隅肉溶接
（サイズ $s=9\text{mm}$）

スカラップ

$M = (140)\,\text{kN·m}$（長期）
$M = (205)\,\text{kN·m}$（短期）

[フランジについて（完全溶け込み溶接）]

フランジの中心間距離 $j = (450-14) = (436)\,\text{mm}$

$$N_f\,(長期) = \left(\frac{140\times10^6}{436}\right) = (321.1\times10^3)\,\text{N}$$

$$= (321.1)\,\text{kN}$$

$$N_f\,(短期) = \left(\frac{205\times10^6}{436}\right) = (470.2\times10^3)\,\text{N}$$

$$= (470.2)\,\text{kN}$$

完全溶け込み溶接の有効断面積 A を求める。

有効のど厚 $a = (14)\,\text{mm}$

有効長さ $l = (200)\,\text{mm}$

有効断面積 $A = (14\times200) = (2800)\,\text{mm}^2$

安全性を検討する。

$$\sigma\,(長期) = \left(\frac{321.1\times10^3}{2800}\right)$$

$$= (114.7)\,\text{N/mm}^2 < f_t\,(長期)$$

$$= (156)\,\text{N/mm}^2$$

$$\Rightarrow \quad \underline{\text{OK}} \cdot \text{NG}$$

$$\sigma\,(短期) = \left(\frac{470.2\times10^3}{2800}\right)$$

$$= (167.9)\,\text{N/mm}^2 < f_t\,(短期)$$

$$= (235)\,\text{N/mm}^2$$

$$\Rightarrow \quad \underline{\text{OK}} \cdot \text{NG}$$

[ウェブについて（両面隅肉溶接）]

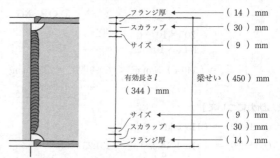

フランジ厚 — (14) mm
スカラップ — (30) mm
サイズ — (9) mm
有効長さ l (344) mm　　梁せい (450) mm
サイズ — (9) mm
スカラップ — (30) mm
フランジ厚 — (14) mm

隅肉溶接の有効断面積 A を求める。

有効のど厚 $a = (0.7\times9) = (6.3)\,\text{mm}$

有効長さ $l = (450-2\times14-2\times30-2\times9)$

$$= (344)\,\text{mm}$$

有効断面積 $A = 2面\times(6.3\times344) = (4334.4)\,\text{mm}^2$

溶接の有効断面に生じるせん断応力度 τ を求め、τ と溶接継ぎ目の許容せん断応力度（→ 📖［付録11］）とを比較して安全性を検討する。

$$\tau\,(長期) = \left(\frac{115\times10^3}{4334.4}\right)$$

$$= (26.5)\,\text{N/mm}^2 < f_s\,(長期)$$

$$= (90.4)\,\text{N/mm}^2$$

$$\Rightarrow \quad \underline{\text{OK}} \cdot \text{NG}$$

4
まとめ

$$\tau \; (短期) = \left(\frac{131.25 \times 10^3}{4334.4}\right)$$

$$= (30.3) \; \text{N/mm}^2 < f_s \; (短期)$$

$$= (135) \; \text{N/mm}^2$$

$$\Rightarrow \quad \boxed{\text{OK}} \cdot \text{NG}$$

5·1 2次設計 層間変位の算定 ▶ p.98

▶ p.98

問題1

(1) 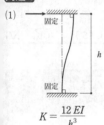 固定　固定　h

(2) 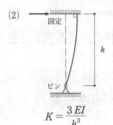 固定　ピン　h

$$K = \frac{12\,EI}{h^3} \qquad\qquad K = \frac{3\,EI}{h^3}$$

問題2

(1) 次の数量を求める。

ヤング係数 $E = (2.05) \times 10^5 \text{N/mm}^2$

断面2次モーメント $I = (3990) \times 10^4 \text{mm}^4$

柱の長さ $h = (3000) \text{mm}$

(2)
$$K = \frac{12\,EI}{h^3} = \frac{12 \times 2.05 \times 10^5 \times 3990 \times 10^4}{(3000)^3} = \underline{3635\text{N/mm}}$$

$$K = 3.64\text{kN/mm}$$

(3)
$$\delta = \frac{P}{K} = \frac{36.4\text{kN}}{3.64\text{kN/mm}} = \underline{10\text{mm}}$$

問題3
各層の層せん断力は、$Q_1 = 15\text{kN}$、$Q_2 = 10\text{kN}$ である。

各層の層間変位は「フックの法則」$Q = K \cdot \delta$ より $\delta = Q/K$ なので

$$\delta_1 = \frac{15\text{kN}}{10\text{kN/mm}} = 1.5\text{mm} \qquad \delta_2 = \frac{10\text{kN}}{5\text{kN/mm}} = 2\text{mm}$$

$$\delta_1 : \delta_2 = 1.5 : 2 = \underline{3 : 4}$$

問題4
各層の層せん断力は、$Q_1 = 180\text{kN}$、$Q_2 = 140\text{kN}$、$Q_3 = 80\text{kN}$ である。

1層の層間変位 δ_1 は「フックの法則」$Q = K \cdot \delta$ より $\delta = Q/K$ なので、

$$\delta_1 = \frac{180\text{kN}}{18\text{kN/mm}} = \underline{10\text{mm}}$$

δ_2、δ_3 の層間変位が 10mm になるように K_2、K_3 を決める。
$Q = K \cdot \delta$ より $K = Q/\delta$ なので、

$$K_2 = \frac{140\text{kN}}{10\text{mm}} = \underline{14\text{kN/mm}} \qquad K_3 = \frac{80\text{kN}}{10\text{mm}} = \underline{8\text{kN/mm}}$$

問題5

(1) 建設地：京都市 ⇒ 地震地域係数 $Z = (1.0)$

設計用1次固有周期 $T = (0.03 \times h = 0.03 \times 12)$

$$= (0.36) \; 秒$$

地盤：第2種 ⇒ $R_t = (1.0)$

標準せん断力係数 $C_0 = 0.2$（中地震想定）

i層	w_i	W_i	A_i	C_i $(= Z \times R_t \times A_i \times C_0)$	Q_i $(C_i \times W_i)$
3	800 kN	800 kN	1.48	$1.0 \times 1.0 \times 1.48 \times 0.2$ $= 0.296$	236.8 kN
2	800 kN	1600 kN	1.19	$1.0 \times 1.0 \times 1.19 \times 0.2$ $= 0.238$	380.8 kN
1	800 kN	2400 kN	1.00	$1.0 \times 1.0 \times 1.00 \times 0.2$ $= 0.200$	480.0 kN

(2) 各層の柱の本数は（9）本である。

	柱に使用する角形鋼管	断面2次モーメント	水平剛性 K
3	□－250×250×12.0	$10300 \times 10^4 \text{mm}^4$	35632 N/mm ＝ 35.6 kN/mm
2	□－300×300×12.0	$18300 \times 10^4 \text{mm}^4$	63307 N/mm ＝ 63.3 kN/mm
1	□－350×350×12.0	$29800 \times 10^4 \text{mm}^4$	103089 N/mm ＝ 103.1 kN/mm

(3)
$$\delta_3 = \frac{236.8\text{kN}}{35.6\text{kN/mm}} = \underline{6.7\text{mm}}$$

$$\delta_2 = \frac{380.8\text{kN}}{63.3\text{kN/mm}} = \underline{6.0\text{mm}}$$

$$\delta_1 = \frac{480.0\text{kN}}{103.1\text{kN/mm}} = \underline{4.7\text{mm}}$$

5·2 2次設計 層間変形角・剛性率・偏心率 ▶ p.102

▶ p.102

問題1

（❶ 層間変形角）（❷ 剛性率）（❸ 偏心率）（❹ 塔状比）
（❺ 保有水平耐力）（❻ 転倒）

問題2
（❶ 中小）（❷ 変形）（❸ 内外装）（❹ 設備配管）
［❺ 200］（❻ かたさ）（❼ 柔らかい）（❽ かたさ）［❾ 0.6］
（❿ 重）（⓫ 剛）（⓬ 偏心）（⓭ かたさ）（⓮ ねじれ）
［⓯ 0.15］

4 まとめ

5·1
5·2

問題3

(1)

層	階高 h_i	層間変位 δ_i	層間変形角 γ_i	判 定
3	4000 mm	$\dfrac{120}{10} = 12\text{mm}$	$\dfrac{1}{333}$	ⓄK・NG
2	4000 mm	$\dfrac{180}{12} = 12\text{mm}$	$\dfrac{1}{267}$	ⓄK・NG
1	4000 mm	$\dfrac{240}{15} = 16\text{mm}$	$\dfrac{1}{250}$	ⓄK・NG

(2)

層	層間変形角の逆数 $1/\gamma_i$	$1/\gamma_i$ の平均値	剛性率 R_i	判 定
3	333		1.18	ⓄK・NG
2	267	283	0.94	ⓄK・NG
1	250		0.88	ⓄK・NG

$$1/\gamma_i = \frac{250 + 267 + 333}{3} = 283$$

問題4 ×は次の通り

(3)地震力によって生じる各階の層間変形角の差が<u>大きくなる</u>と耐震上有利である。

⇒小さく

(5)建築物の地上部分について、高さ方向の剛性分布のバランスの検討において、各階の剛性率が6/10<u>以下</u>であることを確認した。

⇒以上

(7)建築物の各階における重心と剛心との距離ができるだけ<u>大きくなる</u>ように耐力壁を配置した。

⇒小さく

問題5

(1)上から押す力をF、バネAが受ける力をF_A、バネBが受ける力をF_B、伸びをδとすると「フックの法則 $F = k \cdot x$」より $F_A = 28\delta$、$F_B = 22\delta$、$F = F_A + F_B = 28\delta + 22\delta = 50\delta$ となる。

点Aを中心とするモーメントの釣り合いより

$$\Sigma M_A = 0 : \quad F \times x - F_B \times 500\text{mm} = 0$$
$$50\delta \times x - 22\delta \times 500 = 0$$

$$x = 220\text{mm}$$

(2)重心位置は棒の中央であり、点Aから250mmの位置になる。したがって

偏心距離 $e = 250\text{mm} - 220\text{mm} = \underline{30\text{mm}}$

(3)**ねじり剛性** K_r ＝バネ定数×剛心からバネまでの距離^2 の合

計 より

$$K_r = 28\text{N/mm} \times (220\text{mm})^2 + 22\text{N/mm} \times (280\text{mm})^2$$
$$= 308 \times 10^4\text{N·mm}$$

(4)**弾力半径** $r_e = \left(\dfrac{\text{ねじり剛性}\,K_r}{\text{バネ定数の合計}} \right)$ の平方根

$$r_e = \sqrt{\frac{308 \times 10^4}{28 + 22}} = \underline{248\text{mm}}$$

(5)**偏心率** $R_e = \dfrac{\text{偏心距離}}{\text{弾性半径}}$ より

$$r_e = \frac{30\text{mm}}{248\text{mm}} = \underline{0.12}$$

偏心率 $R_e = 0.12$ $\boxed{<}$ 規定値（0.15） ⓄK・NG

5·3 2次設計 保有水平耐力（1） ▶ p.106

問題1

(1)**全塑性モーメント** M_p を求めなさい。

塑性断面係数 $Z_p = \quad 100 \times 200^2/4 = 10^6\text{mm}^3$

$M_p = Z_p \times \sigma_y = 10^6 \times 150 = 150 \times 10^6\text{N·mm}$

$$M_p = 150\text{kN·m}$$

(2)

曲げモーメント図

$$M_{\max} = 3P\text{kN·m}$$

(3)

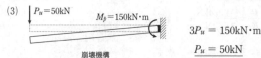

崩壊機構

$$3P_u = 150\text{kN·m}$$
$$P_u = 50\text{kN}$$

問題2

終局曲げモーメント $M_u = 144\text{kN·m}$

梁中央の最大曲げモーメント＝反力×3m$= \dfrac{P_u}{2} \times 3\text{m}$

最大曲げモーメントが終局曲げモーメントに達するとき崩壊するから

$$\frac{P_u}{2} \times 3 = 144 \quad \Rightarrow \quad P_u = 96\text{kN}$$

問題3

全塑性モーメント $M_u = 308\text{kN·m}$

梁中央の最大曲げモーメント＝反力×4m$= \dfrac{P_u}{2} \times 4\text{m}$

最大曲げモーメントが終局曲げモーメントに達するとき崩壊するから

$$\frac{P_u}{2} \times 4 = 308 \quad \Rightarrow \quad \underline{P_u = 154\text{kN}}$$

問題 4 (**①** 消費)(**②** 多)(**③** 大きく)(**④** にくい)(**⑤** 全体)
(**⑥** 層)

望ましいのは (a)

問題 5 📖 [付録13] より $Z_{pB} = (1310) \times 10^3\text{mm}^3$

$M_{pB} = Z_p \times \sigma_y = 1310 \times 10^3 \times 235$

$\qquad\qquad = 307.85 \times 10^6\text{N·mm}$

$$M_{pB} = 307.85\text{kN·m}$$

📖 [付録13] より $Z_{pC} = (3670) \times 10^3\text{mm}^3$

$M_{pC} = Z_p \times \sigma_y = 3670 \times 10^3 \times 235$

$\qquad\qquad = 862.45 \times 10^6\text{N·mm}$

$$M_{pC} = 862.45\text{kN·m}$$

崩壊機構を描いて**崩壊荷重** P_u を求める。

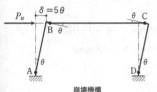

崩壊機構

外力のなす仕事 ＝ 内力のなす仕事

$\quad P_u \cdot \delta \quad = \quad 862.45\,\theta \times 2 + 307.85\,\theta \times 2$

$\qquad\quad \delta \quad = \quad 5\,\theta$ を代入して

$\quad P_u \cdot 5\,\theta \quad = \quad 2340.6\,\theta$

$\qquad\quad P_u \quad = \quad \underline{468.12\text{kN}}$

5·4 2次設計
保有水平耐力（2）　　　▶ p.110

問題 1

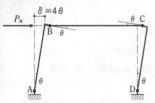

崩壊機構

外力のした仕事 ＝ 内力のした仕事

$\quad P_u \cdot \delta \quad = \quad 400\,\theta \times 2 + 500\,\theta \times 2$

$\qquad\quad \delta \quad = \quad 4\,\theta$ を代入して

$\quad P_u \cdot 4\,\theta \quad = \quad 1800\,\theta$

$\qquad\quad P_u \quad = \quad \underline{450\text{kN}}$

問題 2

① $\underline{\delta_1 = (4)\,\theta} \qquad \underline{\delta_2 = (8)\,\theta}$

② $\qquad$ 外力のした仕事 ＝ 内力のした仕事

$\quad P \cdot \delta_1 + 1.5P \cdot \delta_2 \quad = \quad 400\,\theta \times 4 + 600\,\theta \times 2$

$\quad P \times 4\,\theta + 1.5P \times 8\,\theta \quad = \quad 2800$

$\qquad\qquad 16P \cdot \theta \quad = \quad 2800$

$\qquad\qquad\quad P \quad = \quad 175\text{kN}$

③ $Q_{u1} = P + 1.5P = 175 + 1.5 \times 175 = \underline{437.5\text{kN}}$

$\quad Q_{u2} = 1.5P = 1.5 \times 175 = \underline{262.5\text{kN}}$

問題 3 (**①** ≧)(**②** 大)(**③** 倒壊)(**④** D_s)(**⑤** F_{es})(**⑥** Q_{ud})
(**⑦** 構造特性)(**⑧** 靭性)(**⑨** 低減)[**⑩** 0.25]　[**⑪** 0.30]
(**⑫** 形状)(**⑬** 割増)(**⑭** 偏心)(**⑮** 剛性)(**⑯** 大)(**⑰** 地震
層せん断力)[**⑱** 1.0]

問題 4 ×は次の通り

(1)我が国の耐震規定は、人命の確保を前提としており、極めて
大きな地震動に対しても、構造体を<u>弾性範囲にとどめるよう</u>
に設計する。

⇒塑性変形によって地震エネルギーを吸収する

(4)1層1スパンのラーメン架構の場合、梁の全塑性モーメント
より柱の全塑性モーメントのを大きくすれば、塑性ヒンジは
<u>柱側</u>に生じる。

⇒梁側

(6)構造体の靭性能が低かったので、構造特性係数 D_s の値を<u>1よ
り大きな値</u>にした。

⇒構造特性係数 D_s は低減係数であり、1より大きくなることはない

(8)剛性率、偏心率ともに規定値を満たしていたので、形状係数
F_{es} を<u>1より小さい値</u>にした。

⇒形状係数は割増係数であり、1より小さくなることはない。規定
値を満たしていれば形状係数1である。

(9)必要保有水平耐力を算出するときの標準せん断力係数 C_0 の
値を<u>0.3</u> とした。

⇒必要保有水平耐力では、大地震を対象とするので、C_0 の値を1
以上である。

問題1

(1)

層	階高 h_i	層間変位 δ_i	層間変形角 γ_i	判 定
4	4000 mm	10mm	$\dfrac{1}{400}$	ⓄⓀ・NG
3	4000 mm	15mm	$\dfrac{1}{267}$	ⓄⓀ・NG
2	5000 mm	15mm	$\dfrac{1}{333}$	ⓄⓀ・NG
1	5000 mm	10mm	$\dfrac{1}{500}$	ⓄⓀ・NG

層間変形角は 1/200 以下だから、すべての層の層間変形角は OK である。

(2)

層	層間変形角の逆数 $1/\gamma_i$	$1/\gamma_i$ の平均値	剛性率 R_i	判 定
4	400		$\dfrac{400}{375}=1.07$	ⓄⓀ・NG
3	267		$\dfrac{267}{375}=0.71$	ⓄⓀ・NG
2	333	375	$\dfrac{333}{375}=0.89$	ⓄⓀ・NG
1	500		$\dfrac{500}{375}=1.33$	ⓄⓀ・NG

$$\frac{1}{\gamma}=\frac{500+333+267+400}{4}=375$$

剛性率は 0.6 以上だから、すべての層の剛性率は OK である。

問題2

(1) 梁の塑性断面係数 $Z_{pB}=$（864）$\times 10^3 \text{mm}^3$

柱の塑性断面係数 $Z_{pC}=$（2520）$\times 10^3 \text{mm}^3$

$M_p=Z_p \times \sigma_y$ より

$M_{pB}=864 \times 10^3 \times 235=203.0 \times 10^6 \text{N·mm}$

$\qquad=203.0\text{kN·m}$

$M_{pC}=2520 \times 10^3 \times 235=592.2 \times 10^6 \text{N·mm}$

$\qquad=592.2\text{kN·m}$

(2)

崩壊機構

(3) 外力のなす仕事 ＝ 内力のなす仕事

$\qquad P_u \times \delta = 592.2\,\theta \times 2\text{ヶ所}+203.0\,\theta \times 2\text{ヶ所}$

$\qquad\qquad\quad \delta = 4\,\theta$ より

$\qquad P_u \times 4\,\theta = 1590.4\,\theta$

$\qquad\qquad\quad \underline{P_u = 397.6\text{kN}}$

問題3

(1) 地震地域係数 $Z=$（1.0）

構造物の高さ ＝（8）m

設計用1次固有周期 $T=$（0.03×8）＝（0.24）秒

振動特性係数 $R_t=$（1.0）

層	W_i	A_i	C_i $=Z \cdot R_t \cdot A_i \cdot C_0$	Q_{ud}	Q_{un} $=D_s \cdot F_{es} \cdot Q_{ud}$
2	150 kN	1.26	1.26	189 kN	85.1 kN
1	300 kN	1.00	1.00	300 kN	135.0 kN

(2) 塑性断面係数 $Z_p=525 \times 10^3 \text{mm}^3$（→ 📖[付録13]）

$\qquad M_p=Z_p \cdot \sigma_y=525 \times 10^3 \text{mm}^3 \times 235 \text{N/mm}^2$

$\qquad\qquad=123.4 \times 10^6 \text{N·mm}$

$\qquad \underline{M_p=123.4\text{kN·m}}$

(3) 塑性断面係数 $Z_p=358 \times 10^3 \text{mm}^3$（→ 📖[付録13]）

$\qquad M_p=Z_p \cdot \sigma_y=358 \times 10^3 \text{mm}^3 \times 235 \text{N/mm}^2$

$\qquad\qquad=84.1 \times 10^6 \text{N·mm}$

$\qquad \underline{M_p=84.1\text{kN·m}}$

(4)

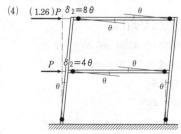

崩壊機構

$P \cdot \delta_1 + 1.26 P \cdot \delta_2$

$\quad =(84.1\,\theta \times 4\text{ヶ所}+123.4\,\theta \times 2\text{ヶ所}) \times 2\text{フレーム}$

$P \times 4\,\theta + 1.26 P \times 8\,\theta = 1166.4\,\theta$

$P = 82.8\text{kN}$

$\underline{P = 82.8\text{kN}}$

(5) $Q_{u1}=1.26P=1.26 \times 82.8=104.3\text{kN}$

$\quad Q_{u2}=1.26P+P=1.26 \times 82.8+82.8=187.1\text{kN}$

(6)

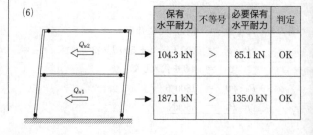

	保有水平耐力	不等号	必要保有水平耐力	判定
Q_{u2} →	104.3 kN	＞	85.1 kN	OK
Q_{u1} →	187.1 kN	＞	135.0 kN	OK